EMOTIONAL
SALES TECHNIQUE

"飛常識な"経営コンサルタント
高橋 貴子

いつも
集客で悩む
あなたに贈る
感情営業術

売り込み無しの営業法

新・魔法の営業メソッド

EMOTIONAL SALES TECHNIQUE

感情を使って自動集客できる仕組み作り

産業能率大学出版部

はじめに

～売り込みが苦手な人ほど、仕組みで楽に自動化せよ～

「売り込みは嫌なんです」

そんな言葉、あなたも言ったことはありませんか？
でも、「売り込みは嫌」と思っているのはあなただけではありません。おそらくほとんどの女性起業家はそうでしょうし、場合によっては男性オーナーにもそういう思いの人は多いかもしれません。

私はどうかと聞かれれば、私も「売り込みは嫌い」です。とは言え、営業は得意でしたし、いわゆる〝よく売る営業〟でした。
それはなぜだと思いますか？

答えは、「売り込みしない営業スタイル」を確立していたから。

私には、「売らない営業」で、トップセールスとして活動していた経験があります。お客様に話を聞いていただき、自然と「欲しい」という言葉を言ってもらえるような流れをつくるのが得意だったのです。

もちろん、最初からうまくいっていたわけではありません。試行錯誤の上、そのやり方を身につけたという経験を持っています。

「集客はしたいけど、売り込みは嫌……」

そんなあなたのために、この本を書きました。

そもそも「営業」というスキルは、個人で事業を行う人にとっては必須のスキルにもかかわらず、実態がよくつかめていないスキルの一つだと私は思っています。

考え方もやり方も多岐にわたるため、ピンポイントの回答を得にくいのです。

しかし、「営業」スキルは売り上げに一番直結するスキルであり、ともすれば集客よりも大切なものだとも言えます。

なぜなら、**いくら集客ができても、成約ができなければ売り上げにならない**からです。

本書は、そんな「営業」というテーマを「感情」という新しい視点からひも解いた女性向けガイドブックです。感情をコントロールすることで営業がスムーズに進む。それが**「感情営業術」**です。

女性には営業不得手が多いと思っている人もいるかもしれませんが、私が提唱する「感情営業術」の領域では、女性の感性はむしろ営業上はプラスに転じます。

実際に、コミュニティ運営などは女性のほうがうまく運営できているケースも多いのです。

本編では、「売り込みは嫌い・苦手」と思っている女性オーナーに、「売り込まなくてもよい」という思考法とその仕組み、つまり**「女性に優しい営業術」**をお伝えしていきます。今まであなたが持っていたであろう「営業」の概念を180度変える、言わば全く新しい営業のバイブルになりうるものです。

この本を読み終えるころには、今までとは違う「営業」の概念を手に入れて、売り込むことなく集客や成約ができる仕組みをつくることができるようになっているはずです。

なお、本書は『**感情時間術**』『**感情価格術**』に続く「感情」シリーズ3部作のラストを飾る作品です。あらためて申し上げておくと、ビジネスが好転する「感情」を上手に扱う方法こそが、3部作すべての共通テーマです。

感情を制する者はビジネスを制し、人生も謳歌できる

「時間」も「価格」も「営業」も、感情に左右される要素が大きいと私は思っています。それゆえ、「感情」をうまく扱うことができれば、ビジネスも人生もすべてうまくいくようになります。

本書では、「感情からのアプローチ」を軸に、売り込まずに注文を得る方法を女性にわかりやすく示していきます。ぜひ、本書を「感情」を変えるきっかけになるように活用してみてください。

営業が自然に行えるようになれば、ビジネスはより楽しく、より満足度の高いものになるでしょう。さらに、あなたが提供する商品やサービスに自信を持ち、それをほかの人に伝えることができるようになれば、お客様も幸せになれるのです。

本書が、あなたのビジネスが新たな成長を遂げるための有用なツールとなることを願っています。

さあ、ワクワクする新しい世界への冒険の旅のはじまりです！

本書を読み終えたあと、新しい世界を見つけたあなたとの再会を楽しみにしています。

〝飛常識〟な経営コンサルタント　高橋貴子

あなたが
「苦手と思う営業」
スタイルは、
営業の一部でしかない

PROLOGUE

営業嫌いな人が
誤解している
「営業」という言葉

「営業嫌いな人が誤解している「営業」という言葉

1 あなたが「苦手と思う営業」スタイルは、営業の一部でしかない

まず、「売り込まない営業」の概念をお伝えするために、あなたが考える「苦手」と思う営業スタイルを一度おさらいしておきましょう。

おそらく、「営業が嫌い・苦手」と思っている人は、営業という仕事を次のように考えているのではないでしょうか？

①営業は、強引に契約を決めるのが仕事
↓相手を説得して無理に何かを買わせると思っている

②営業は、自己主張が強くないと相手に言い負ける
↓自分の意見を強く主張するのが苦手だから、営業は無理と思っている

③営業は、嫌われて断られるのが当たり前の仕事
↓断られることに対するメンタルの凹みが耐えられない

主にこんなイメージで「営業は嫌だ」とあなたは思っている。そう私は感じていますが、いかがでしょうか？

私も最初はみなさんと同じような印象を「営業職」に対して抱いていました。

①相手にひたすら譲歩して頭を下げて商品を買ってもらう交渉をする人
②足で稼いでなんぼとばかりに、とにかくあちこちの取引先に行く体力が必要
③断られることに慣れていかないと続かない、強靭なメンタルが必要

このような印象です。おそらくみなさんが思っている感覚とかなり近いはずです。

そんな私が、営業職の会社員として5社で22年、自営での経験値を合わせたら35年近く営業（サービス業）を続けることができた理由は何だと思いますか？

それは、私が「営業職が好き」だったから。

営業を、好きな仕事だと言える一番のポイントは、「人にありがとう」と言ってもらえる仕事だということです。

そう、私は「ありがとう」と言ってもらえる仕事を選んで転職をしていました。業種・業態は多岐にわたりますが、一貫しているのは人に「ありがとう」と言ってもらえるサービス業だったということです。

だからこそ、どんな職種でも営業として数字の実績を出すこともできたし、自分としては仕事をする上で苦痛を感じるようなことはなかったのです。

あなたも、そんな営業のコツを知りたくありませんか？

◉売らない営業こそが、営業職を長く続けられるコツ

私の営業は、「売り込みはしない」というのが基本スタンスです。

つまり、「相手に欲しがってもらえるものを提供する」ことに尽きるのです。

「売る」というよりも、「欲しいと思われるものを紹介する」という感覚に近いものです。

例えて言うなら、砂漠でのどが渇いて水を欲しがっているけれど、水のありかがわからなくて困っている人に1杯の水を渡す（仕事にするなら売ることになります）、という感

覚です。

このときに大切なポイントは、次の2点だけ。

・相手が本当に欲しがっているものは何か？
・その欲しいものを自分は提供できるのか？

この答えを導き出すための質問力は必要になりますが、それは後ほど詳しくお伝えしていきます。

さて、カンのよい人はおわかりかもしれませんが、この2点を踏まえて商売をする場合「営業の人」とは「強引な押し売りをする人」ではなく、「人が欲しがっているものを、適切なタイミングで、わかりやすくそのメリットを紹介できる人」なのです。

つまり「営業」という仕事は、みなさんが想像するよりもよほどクリエイティブな仕事であり、かつ「感情的な要素」で成約が決まる領域なのです。

ですから、あなたが「営業＝苦手」と誤解しているなら、まずはその概念をここで捨ててしまってください。**売り込みをするのが営業ではなく、その人にとってのメリットを探して紹介する仕事**なのです。

さらには、「営業」ができる人ほどネット集客もうまくいくということです。アナログができる人がネットでもうまくいく理由は、おそらく「お客様の心に刺さる言葉」がわかっているからだと思います。

だからこそ、むしろ「共感力」がある女性のほうが営業はうまくいくと、個人的には思っているのです。

2 本当は「誰でも営業をやっている!?」という事実

前項では、「営業職」は押し売りが仕事ではないということをお伝えしました。

ここでは、「営業が苦手」と言っている人も、実は自然と営業をやっているのだという日常のシーンをいくつかご紹介して、「営業」の概念を覆すとともに、そのハードルを下げたいと思います。

◉「営業」に似ている活動を、実は無意識にやっている!?

女性には、特にコミュニケーションスキルや細やかな気配りという点において、優秀な人が多いと思います。正確に言うと「『女性脳』を持っている」と言い換えられるかもしれません。

ですから男性であっても、女性脳の領域を多く持つ人は女性脳タイプでの営業スタイルが向いている場合も多いのです。

ちなみに、ここで言う「女性脳」の特徴には、「共感・全体把握能力・マルチタスク」などがあります。その**共感力は、特に営業のシーンでは有利**に働きます。

男性脳と女性脳のちがい

男脳
脳梁が女性に比べて細い
左右の脳の連携がよくない
何かの機能に特化した脳になりやすい
カタログ的分類が得意
空間認識能力・数学的思考・論理構造などに優れる
女脳
脳梁が男性より20%ほど太い
左右の脳の連携がスムーズ
直観力に優れバランスがよい脳
状況を全体的に察知する能力に長ける
言語能力が高くおしゃべりが得意
同時にいくつもの文脈をキープできる
※個人差があります

あなたに「営業」という概念をもっと身近に感じてもらうために、日常生活での「営業的な活動」の例を以下でお伝えしたいと思います。

◉日常生活での営業的な行動の実例

①SNSでの拡散

旅行先の写真やおいしかったレストランの情報をSNSでシェアする行動は、それが無意識であったとしても、それを見た人々にその場所やレストランを訪れるきっかけを与えています。これは、商品やサービスの魅力を伝え、利用を促す営業活動と同じなのです。ちなみに私も、旅行先でおいしいお店や過ごしやすい素敵な宿、きれいな景色、興味深い観光地などはみんなに伝えたくて、バンバン写真を撮って「Facebookなどへ日常的にアップしています。

もちろんそれは、その場所や商品を「売り込みする」という気持ちはみじんもなく、「みなさんが旅行に行ったときの参考になったらいいな」くらいの気持ちです。これは女性の共感力の一種ですね。

逆に、男性は「俺の隠れ家」的なものが好きな人が多いので、あまり広めたくない、広まることはむしろ嫌だという人が多いようです。

このように女性と男性の思考の違いがありますので、無意識であったとしても共感力と拡散力が強いのが女性の特徴と言われています。

もしもこれを本当に仕事にしたいなら、記事を書いて、その商品が売れたら数パーセントの手数料がもらえる「アフィリエイト」という仕事を選択することもできます。

②友人へのオススメ

友人にお気に入りの本や映画を薦めることも、営業的な行動に似ています。自分が体験した、よいと思う情報を共有し、相手にその商品やサービスの価値を理解してもらいたいという感情が湧いてきたとき、思わず周りに話してしまうことはありませんか？

さらにあなたを信頼しているあなたの友人も、情報の出どころが怪しくないという点でその情報を信用します。そうして商品そのものの価値も上がることになるのです。

商品の価値にあなたの信頼が上乗せされて伝わるため、商品が流通しやすくなるということです。


例えば、怪しいとまでは言えなくても見ず知らずの商品と、信頼できる友人からの薦めがある商品があります。同じ種類の商品なのですが、あなたはどちらを選びますか？


おそらく、友人からのオススメの商品を買うのではないでしょうか。

これが最強の販促ツール、いわゆる「口コミ」というものです。

無意識であっても、そこには営業と共通する要素があります。

③イベント企画・運営

家族や友人のためのパーティやイベントを計画する際には、イベントの目的や楽しみ方を明確に伝え、参加者を増やすためにPRを行うことがあります。

ここでもまた、商品やサービスを宣伝し、顧客を獲得するための営業活動と同じようなスキルが、実は求められます。

ですから、普段からイベントの企画のような、人を巻き込むことを自然とできている人はそのプロセスを営業（集客）に変換すればよいので、この能力は営業スキルとしても高い部類の能力になります。

また、イベントが得意な人は、人をまとめる巻き込み力も強いので「コミュニティ運営」もうまくできる可能性が高いのです。

コミュニティ運営も、実は「売らない営業手法」にとても重要な要素を占める内容な

イベント企画・運営

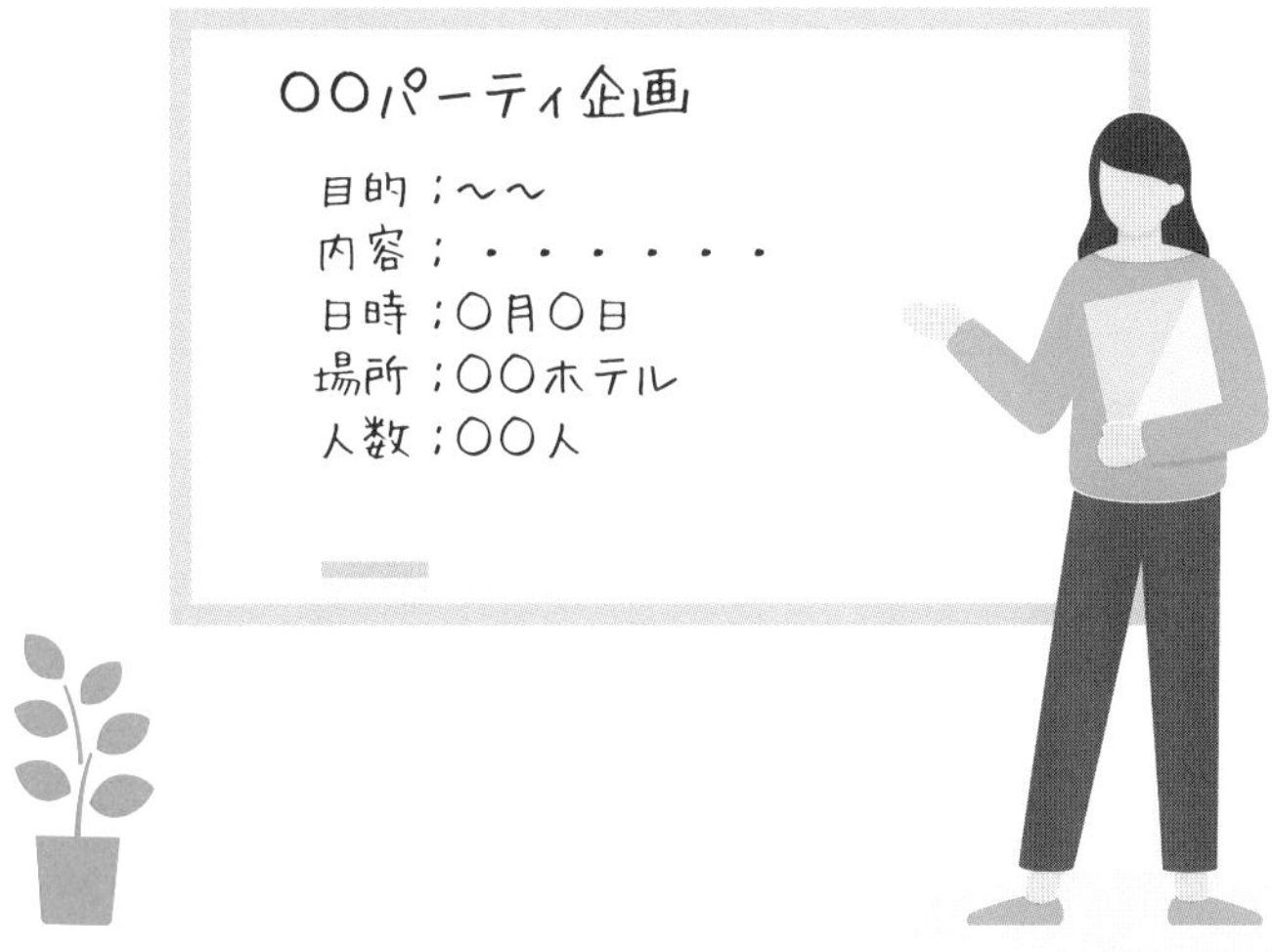

のですが、これについては第6章で詳しくお伝えします。

④自己紹介

意外に思うかもしれませんが、自己紹介がうまい人は、それだけでも営業能力が高いと言えます。

特にサービス業では、同じレベルの商品・サービスを買うときの選択の決め手が、「誰から買うのか」という点にかかってくることが多々あります。

つまり、嫌味なく自分の魅力を相手の興味に合わせて爽やかに伝えられる人、言い換えれば**自分自身を商品としてアピールできる人は、営業をしている感覚はなくても商品が売れていく可能性が高まる**のです。

自己紹介から生まれるビジネス

「あなたから買いたい」と言われることが商品のスペック以上の価値をつけることになるので、「選ばれる」という点から考えても有利であり、便利なスキルだと言えます。

◉「営業」は日常的な行動の変形レベルにすぎない気楽なもの

前節で挙げた事例は、広い意味での人間関係の中で日常的に行われている活動です。そこからもわかるように、営業スキルは決して特殊なものではありません。商品やサービスを直接売ることだけではなく、日常生活で自然に使っているコミュニケーション力や説得力などもそのスキルの一部なのです。

また、これらのスキルを使って他人に何かを伝え、理解してもらい、行動に移してもらうのは、日常生活でも、そしてビジネスにおいても非常に重要なことです。

これらの日常的な事例を通じて、**営業とは他人に価値を伝え、その価値を理解してもらい、その価値によって行動を変えてもらうための活動**であると理解していただけたのではないでしょうか？

女性が営業職を苦手と感じる場合、それは「営業＝売りつけ」のようなイメージが強く、自分には合わないと感じるからかもしれません。

しかし、営業はその商品やサービスの価値を伝え、顧客がその価値を理解し、それによって満足感や幸福感を得るための活動です。

決して無理やり売りつけるものではないのです。

だから私は営業職が好きですし、得意分野としてやってきたのです。いいものを紹介するだけですから。

逆に言うと、「私が心からいいと思えないものを売る（紹介する）」ことは、私にはできません。

このように、みなさんが日常生活の中で自然に行っているさまざまな行動やスキルは、見えないところで営業活動と通じているものなのです。

いかがですか？

少し敷居が低くなったでしょうか？

営業は、実は誰でも普段から普通にやっている可能性が高いのです。あらためてそういう認識で考えると、案外、営業の仕事は難しくない、と感じていただけるのではないかと思います。

3　営業の概念を変えれば、活動のステージが大きく広がる

前項では、営業とは「売り込みすることではない」「日常的にみなさんが普通に行っていること」という説明をさせていただきました。

ここでは、営業は「ありがとう」を言われる仕事であるという視点から、どのような活動のステージが広げられるかをお伝えしていきます。

◎「売り込まない」という視点の営業活動でステージアップできる例

①ストーリーの力で自然と商品やサービスが売れていく

商品やサービスそのものにスポットを当てるのではなく、それらがどのようにお客様の生活やビジネスを向上させるのか、というストーリーを伝えます。

これは、営業ではなく物語を共有することであり、売り込む代わりに「魅力的な世界観」

を伝えることが重要です。

有名な2つの商品のお話があります。

●Apple

Apple は技術そのものよりも、その技術がユーザーの人生をどう改善するかに焦点を当てることで広く知られています。

Apple の製品発表では、新しい iPhone がどれだけ高速かということや、新しい MacBook がどれだけパワフルかといった技術的な詳細よりも、それらがユーザーの生活や仕事をどのように向上させるかに焦点を当てています。

例えば、Apple の共同創業者スティーブ・ジョブズ氏の、2001年の「iPod」新製品発表のプレゼンテーションは伝説的なスピーチでした。

このプレゼンテーションでは、「1000曲をポケットに入れる」というキャッチフレーズで、iPod がどのように音楽の消費を変えるかを説明しました。iPod は、ユーザーが大量の音楽を持ち歩き、いつでもどこでも聴くことができるという新しい概念を導入しました。

機能そのものをプレゼンするのではなく、「ユーザーの生活力向上」の視点からのプレゼンは、まさにストーリーを伝えたもの。その後、iPodが世界で爆発的に売れた商品となったのはご存じのとおりです。

●TOMS

TOMSは「SHOES One for One」という取り組みで有名なシューズブランドです。

これは、靴を1足購入するごとに、途上国の子どもたちに1足の靴が寄付されるというプロジェクトです。

つまり、顧客は単に靴を購入するだけではなく、世界の貧困問題に対して小さな貢献をしているという感覚を持つことができます（ほかにアイウェア、バッグのプロジェクトもある）。

TOMSの製品そのものよりも、「その背後にあるストーリーと使命」に人々が惹かれるよい例だと思います。

以上2つの事例は、確かに大企業の例です。しかし、**個人事業主でも商品やサービスの**

ストーリーを語ることはできるはずです。

【機能を売り込むのではなく、物語を伝える】

そんな気持ちで商品を紹介すると、その物語に共感した一定数のお客様は、売り込みされなくても商品やサービスを喜んで買ってくださいます。

あなたの商品・サービスにストーリーはありますか？
そしてそのストーリーをきちんと語っていますか？

②無料の価値提供からの集客誘致

ブログ記事、動画、SNSの投稿など、自分の専門知識や視点を共有することで価値を提供し、信頼関係を構築する。これは今でもみなさんがやっていることだと思います。
そして、これは売り込む行為ではなく、未来のお客様への情報提供や価値提供となり、〝信頼貯金〟がたまっていきます。

結果として、価値を伝えたお客様が本当に困ったときにあなたを思い出す、あるいは普段から無料で有用な情報をもらっていることに感謝や負い目を感じている場合には、喜んでお金を払ってサービスを購入する時期が来ます。

つまり、先に価値提供を行うことで、自然と「集客と成約」が可能となるのです。

私の例で言うと、私はYouTubeもメールマーケティングも10年以上続けています。YouTubeは見ることができるコンテンツだけでも2000本ほど、限定公開も入れると1万2000本以上の動画をアップしています。

メールマーケティングでも、ステップメール（資料請求や会員登録などの特定のアクションを起こした顧客に対してシナリオどおりに順番に配信する仕組み）は800通を超えています。

このステップメールは解除しない限り最低8年は届く予定で、このステップメールから私の高額サービスを購入する方の確率はとても高いのです。

統計的には、50万円以上の講座の場合、ステップメール読者歴1年以上の方がとても多くなっています。

私は必要なタイミングでステップメール読者に講座の募集告知文章を流します。その後、必要な方が申し込みをする、というシンプルな流れです。

これも売り込まない営業の一例で、私はこの状態が自然とお客様が集まる集客の状態だと考え、その事例としてクライアントさんにもお伝えしています。

③コミュニティの形成

同じ価値観や目標を共有する人々の集まり（コミュニティ）を形成します。

オンラインのフォーラムやソーシャルメディアグループをつくり、その中で情報共有や助け合いが行われる場を提供していきます。

これは顧客への一方的な売り込みではなく、コミュニティメンバー全体のための価値創造となります。いわゆる「オンラインサロン」的なイメージになっていくと思います。

「オンラインサロン」の形態は本当にさまざまで、300円程度の月額から、高額系になると3万円・5万円・10万円と、内容と価値提供の度合いに応じてピンからキリまであります。

こういうサロンの場合、月額課金で運用されることが通常は多いので、運用する側からすると定期的な安定収入が見込めます。

同時に、メンバーの人数がそれなりにいる場合、それが一気に退会することはほとんどありませんので、毎月の集客ノルマからサロン人数分は解放されるのです。

「売らない営業」を目指したい人には、ぜひ目指してほしいビジネスモデルの一つだと思います。

以上の3つの手法は、従来の「売り込む」形の営業とは異なり、より長期的で相互的な関係を重視するアプローチです。

これらの方法は営業の視点を広げ、より幅広い活動を可能にするだけではなく、一人ビジネスの女性オーナーとしても取り組みやすいものです。

そしてそれは、女性の経営者が持つ共感力やコミュニケーションスキルを最大限に生かすこともできます。

女性の持つ「感情共感」に起因するコミュニケーション能力は、それだけですでに営業力の要素を含んでいるということです。

だからこそ、「営業は嫌い・苦手」という言葉で片づけてしまうのはもったいない。

「営業」という概念を新しい形で積極的に取り入れた人のほうが、結果として**「営業することなく集客も成約もうまくいく」**こととなるのです。

4 旧スタイルの左脳型から新スタイルの右脳型「感情営業術」の時代へ

営業の概念がかなり変わってきたであろうあなたに、いよいよ本書の主題である**「感情営業術」**の意味をお伝えしていきたいと思います。

結論から言います。

「感情営業術」とは、「売らなくても売れていく」という、女性に優しい営業術

そして、その基軸になっているのは、「勝手に広がる仕組みをつくること」です。

もともと女性は口コミでの拡散が得意な脳を持っています。その脳が喜ぶ感情領域が「物語」です。

つまり、オーナーが「物語」を語り、それがお客様の心に響くものであればあるほど物語は広く共有されて、多くの人に影響を与えていくことになります。

◉旧スタイルの左脳型営業術の特徴

左脳型の営業戦略の特徴は、「論理的」かつ「直接的」な営業のアプローチです。
以下、3つほど代表的な例をご紹介します。

①製品中心の提案

このスタイルの営業では、製品の特徴や仕様に重点を置きます。製品の機能、性能、品質、価格など、具体的で論理的な要素を中心にお客様に提案していきます。

②他社との比較

論理的な思考から、他社との比較による競争優位性を強調します。他の製品やサービスと比べて、自社の製品がどのように優れているか。その点を客観的なデータや事実を用いて強調していきます。

③強力なクロージング（契約締結）

論理的な展開のあとには、しばしば強力なクロージング（契約締結）が用いられることが多いものです。例えば、時間制限のある特別なオファーや、行動しないと損をするといった心理的緊迫感をあおることもあります。

これらが、一般的に言われている**左脳型の営業戦略の主な特徴**とされています。

製品やサービスの特徴と価値を中心にプレゼンテーションを行い、感情がついてくるタイミングを待つというよりは、ストレートに契約への道に導くクロージングが多いのです。

それゆえ、感情共感型の女性（女性脳）が苦手としているやり方になっているのだと思います。

◉新スタイルの右脳型営業術の特徴

本書では、右脳型営業術は「感情営業術」と定義づけをしています。右脳型の営業戦略の特徴は、「感情的」かつ「直感的」な営業アプローチです。

以下、代表的な例を3つご紹介します。

①お客様中心の提案

右脳型の営業では、一人のお客様のニーズや問題に重点を置きます。お客様が商品やサービスを購入したい本当の目的を理解し、それに応える提案にポイントを置きます。

②お客様の未来の姿に共感する

右脳型の営業では、お客様の製品やサービスに対する未来への感情的な喜びを、一緒に体感していきます。それにより、お客様との強い関係性をつくります。

③共感と信頼の構築

一過性の売り上げだけにフォーカスすることなく、より長期的な視点でのお客様との信

序章 第1章 第2章 第3章 第4章 第5章 第6章 終章

頼関係の構築に着目します。ゆえに、そのときにその人がその商品を買うべきタイミングではない、と判断できる場合には無理強いはしません。

結果として信頼が深まることで、必要なタイミングが訪れたときに商品が購入される。さらには、相手の方が違うお客様にご紹介してくださることもよくあります。

これらが、一般的な右脳型の営業戦略の特徴と言われています。

お客様のニーズと感情に焦点を当て、共感と信頼を通じてお客様との長期的な関係を築いていけるのが大きな特徴です。

お客様に寄り添う営業

◉感情営業術は女性のための強力な武器となるスキル

前述のように、「共感」を軸とした営業は、売り込みがなくても商品が売れていく流れをつくり出します。

そして「売り込まない営業」の1つの形として、よいものは人にシェアしたくなるという「口コミマーケティング」があります。特に昨今のようなデジタル時代においては、より効果的な戦略となっています。

さらに、物語あるいはストーリーテリングを用いると、商品やサービスに対する深い感情的な思いを生み出し、人々が共感しやすい形で情報を伝えることができます。商品やサービスへの愛着が高まると、お客様はその情報を他人と共有したくなる傾向があるのです。

その結果、強力な口コミが生まれ、商品やサービスの認知度が広がります。

あなた自身のパーソナリティや、商品やサービスへの思いがこもった物語が魅力的であればあるほど、その物語は広く共有され、より多くの人の心に届きます。

よって、魅力的な物語を語ることは「勝手に広がる仕組み」や「勝手に売れる結果」をつくり出す上で、とても重要な要素となります。

従来の左脳型による論理的な商品スペックもさることながら、現代の消費の方向性を考えると、「感情」によるアプローチのほうが向いていると感じています。具体的な商品やサービスの売り込みを超えて感情的な結びつきが強くなるため、「あなたから買いたい」という状況が生まれるはずです。そうなると将来的には、あなたが扱う商品はどんな商品でも売れていくという状況をつくり出すことができるでしょう。

【何を買うかも大事だけれど、誰から買うのかはもっと大事】

そんな価値観が広がる時代には、個人事業主のオーナーさんにはぜひ**「感情営業術」**を取り入れてもらって、売り込みがない、楽しい営業スタイルをマスターしていただきたいと思っています。

あなたが
「苦手と思う営業」とは
どんなものですか？

01

CHAPTER1

「営業」という仕事を分解。実は誰でも営業をやっている!?

「営業」という仕事を分解。実は誰でも営業をやっている!?

第1章では、あなたに営業の概念を変えていただくために、「なぜみなさんは営業が嫌いなのか」という点を解説していきたいと思います。

それによって、おそらくあなたは「営業そのものが嫌い」なのではなく、「営業のアプローチ方法で嫌いなものがあるだけ」と理解できるはずなのです。

個人事業主の規模で「営業が嫌い」と言っていると、ビジネス上かなり損をしてしまいます。なぜならば、「集客」ができてもその客が「お申し込み（成約）」しない限り、売り上げはゼロのままだからです。「成約のスキル」こそが「営業のスキル」なのです。

ところが、営業への苦手意識が少しなくなるだけでも、世界が大きく変わります。

そんな視点から、「営業というお仕事」を解説してみたいと思います。

1　あなたが「苦手と思う営業」とはどんなものですか？

一般的に、女性が「営業って嫌だ」と感じるシーンの多くは、次に挙げる3つに集約されそうです。主に感情が「嫌だ」と感じる部分にフォーカスしていきます。

①外回りの営業

いわゆる訪問販売的なイメージを感じさせる営業です。

あなた自身も経験あるかもしれませんが、時間やタイミングも気にせず唐突に「売り込み訪問」されると、嫌悪感を抱くことになります。ちなみに私も、相手の都合もおかまいなしの訪問販売は嫌いです。

②強引な営業

強引なセールス話法、圧力をかけてお客様を説得する営業スタイルは、対話でソフトに解決していきたい女性には苦手な領域になります。それゆえ、女性の中には「営業マン＝強引に契約する人」とのすり込みがある人もいるくらいです。ましてや、それを自分がやることになるなんて、と強い抵抗を感じることでしょう。

③高額商品の営業

高額な商品やサービスを販売する営業では、その契約に対するプレッシャーやストレスを感じてしまいます。失敗に対する恐怖感が強いタイプの人は、さらに抵抗を感じる仕事スタイルとなることでしょう。人によっては、だまし、だまされることで成立する仕事と考えている場合もあるくらいなのです。そうなると、営業マンとはうさん臭い人以外の何者でもないことになってしまいます。

◉あなたは、あなたらしいスタイルでお客様にアプローチすれば大丈夫

前述したのは、主に営業職の「強くて強引な部分」が特にフォーカスされて、営業嫌いの人の心に届いてしまうスタイルです。これは、あくまでも商品を販売するための「1つの手段」でしかないことを理解してください。このスタイルが「営業」のすべてではないということです。

実際には、このようなやり方をしなくても、商品やサービスは売れていきます。

つまり、あなたに勘違いしていただきたくないのは、「営業手法はいくらでもある」と

いうこと。

そして、自分の好きな営業スタイルを選べばよいのであって、とりわけ個人事業主ならば自分が嫌いなやり方はやらなくてもよい、ということなのです。

私が、女性は共感型営業が向いているとお伝えしているのは、こういうやり方をしなくても自然と商品が売れていく仕組みもあることを理解していただきたいからです。だからこそ、あえて「営業が嫌」と思うであろう事例をお伝えしました。

あなたはあなたらしいアプローチで、お客様に未来のストーリーを伝える仕組みをつくればそれでよし。それでもちゃんと営業的なアプローチになるのですから。

2 「営業嫌い」のあなたも、無意識に「営業」をやっている

前項では、「営業」の一部分だけをとらえて「嫌い」と定義しないほうが営業&経営の選択肢が増えますよ、というお話をしました。

この項では「無意識の営業」というテーマでお伝えしていきます。

①SNSでの情報発信と共有

SNSでの投稿も、一種の営業活動と言えます。特に、好きな商品やサービス、レストランなどを投稿し、その魅力を友人やフォロワーに伝える行動は、口コミ営業の一環になります。

私自身も旅に行くと、よいホテルやおいしいレストランは写真に撮って、感想とともに記事をアップしています。これは誰に頼まれたわけでもなく、単純に「素敵な場所」をみんなに（喜ばれるから）教えたい！ という気持ちで発信しています。

もちろんこれは、泊まった宿やレストランに感謝されたり対価を得たりということを目的としておらず、単純に「みんなに役立つ」または「みんな喜ぶ」だろうな、という気持ちから発信しているだけです。

もしこれをお金に換えたいなら、アフィリエイト（成果報酬型の広告方法）登録で記事を書けばよいのです。私の場合は、それが仕事になってしまうと窮屈なので、個人的に思ったことを思ったように書いただけ。その結果が、ほかの企業やお店のための「営業」につながっています。

同様に、誰かが私の知らないところで、私の著書などをブログやYouTubeでご紹介くださる場合もあります。自然に私が紹介されるという事象も起こっているのです。ということは、巡り巡ってあなたもどこかで紹介されているかもしれませんね。

②趣味やライフスタイルの紹介

ご自身の趣味やライフスタイルを他人に紹介し、それを楽しむことの素晴らしさを伝えることも、無意識の営業と言えます。

例えば、特定のフィットネスクラブやヨガスタジオを推奨したり、ある種のダイエットや健康食品を薦めたりすることなどもそうです。

また、好きな本や映画、音楽などを友人や知人に薦めることも同様です。無意識の営業活動になっています。この場合では、その作品がどれほど素晴らしいか、などを商品のレビューに記載することもあると思います。

あなた自身が趣味やライフスタイルを語ることで、「直接的に商品を売らなくても」あなたの人柄に惹かれた人が「間接的に商品を買う」ことも十分にありえます。

つまり「商品を売らなくても商品が売れていく状況」ができ上がるなら、「それは無意識の営業」になっているということなのです。

③自分の仕事の価値観を伝える

自分の仕事に対する情熱を持って、それがどれほど魅力的であるかを伝えることも、やはり無意識の営業になっていると言えます。

これは、特に自分の仕事に誇りを持っている人や、自分の会社や組織・チームを高く評価している人によく見られます。

その人が意識的に何かを直接売っていることはなくても、その話をしている人の「情熱」に心を動かされた人が、その人や会社や商品を好きになり、結果として購入に至るというのはよくある話です。

ここでも、商品そのものは売っていません。それでも商品を買う人は買います。

私の場合は、とにかくYouTubeの公開本数が多いので、私の思想・思考の方向性に共感してくださった方が、「勝手に」ホームページを見てくださって、「勝手に」高額講座やセミナーを購入してくださっています。

私はその方たちに「直接的な営業」はしていません。しかし、その方たちの心に動画の内容が刺さったときに行動に結びついて、私の知らないところで「勝手に」成約するのです。

◉無意識下の営業活動は、そんなに難しいものではない

前述の3つの事例は、自分がどのように思っているかという価値観を情熱的に伝えることで商品が売れていくこともある、という「日常生活の営業」を具体的に示したものです。

これらの事例は、伝統的な「営業」の意味とは異なるかもしれませんが、本質的には他人に何かを紹介し、それがよいと信じてもらって、その結果、行動を誘発しているのです。

つまり、これらはすべて**「無意識の営業活動」**と言えるものなのです。

無意識の営業活動は、あなたが信じているもの、価値を見いだしているもの、心地よいと思っているものを他人に伝えることでもあります。

ですから、気負って「営業しないといけないんだ……」と後ろ向きになる必要はなく、「好きなように自分が思ったことを発信していくこと」が、実はビジネスにつながる第一歩なのです。発信については他人の目を気にすることはありません。

【あなたが思ったあなたの価値観を伝え続けること】

これこそが、ほとんど無意識化にある営業活動そのものなのです。

さて、いかがですか?

このように考えると「営業」のハードルって、案外低いと思いませんか?

ポイントは、「営業」という概念に縛られないこと。結論的に言えば、どのようなきっかけであっても、未来のお客様があなたを知り、ファンになって商品を買うのであれば、そのルート自体が「営業」になるのです。


営業という言葉は、辞書によると「利益を得る目的で、継続的に事業を営むこと。また、その営み。特に、企業の販売活動をいう」(デジタル大辞泉)と書かれています。具体的な手法などは記されていません。

つまり私の見解は、結果として利益が出て業績が上がるなら、それは営業をやっていることに等しいのだ、というもの。もちろんそれは個人に置き換えても一緒です。

ですから、あなたはもっと気楽に、未来のお客様に「あなたの思いを伝える」ようにすべきだと思うのです。

3　苦手な営業を「お客様が勝手に集まってくる楽な仕組み」に変える

前項で、営業という言葉は「利益を得る目的で、継続的に事業を営むこと」であるとお伝えしました。

しかし「営業で利益を得る」ために、特に女性が苦手な「強引な営業」や「圧迫をかける高圧的な営業」をする必要はありません。

基本は「お客様が勝手に集まってくる」集客の仕組みをつくることが、営業が楽になるシステムの理想の姿だと思います。そしてそれは、個人事業主にはとても必要なことだとも感じています。

ここでは「営業のプロセス」を楽な仕組みに変えるコツを、実際の事例に合わせて解説します。

⦿お客様が勝手に集まってくる仕組みをつくるコツ

3つの事例をご紹介します。

①コンテンツマーケティング（価値ある情報を届けて売れる仕組みをつくる）

コンテンツ（＝広告ではない、価値ある情報）を使ったマーケティング（売れる仕組みづくり）活動のことです。もしかして未来に買ってくれる可能性がある人に使うこともあれば、すでにお客様になっている人に、さらに親密な関係をつくっていくために使うこともあります。

例えば、ブログ記事、ポッドキャスト、YouTube動画、Instagram、X（Twitter）など、自分の専門知識や経験を共有するコンテンツを発信します。

それによって、読者や視聴者からの信頼を得ることができ、後にあなたが提供する商品やサービスに対する関心を高め、その人にとってのよいタイミングで購入につながる可能性が生まれるのです。

〈仕組み化のコツ〉

一貫したスケジュールで定期的にコンテンツを公開することで、視聴者や読者からの期待感を維持し、自分のブランドを強化します。

また、ＳＥＯ（検索エンジン最適化）に配慮したコンテンツ作成を行うことで検索エンジンの上位に表示され、そこからの新規訪問者を増やすことができます。

この手法での大きなポイントは、「一貫・定期的・継続」です。

コンテンツと配信メディアとの関係

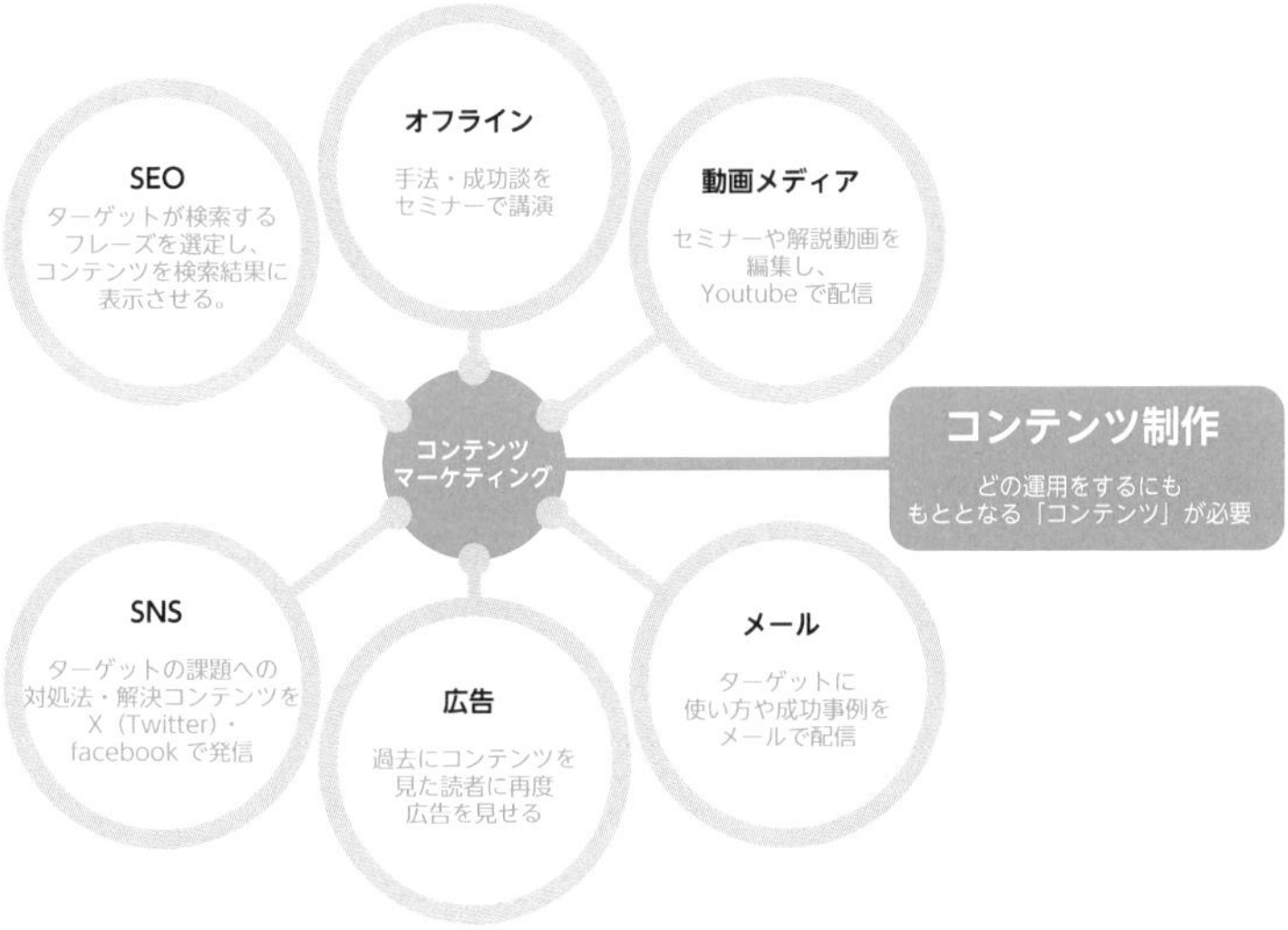
オフライン
手法・成功談を
セミナーで講演
SEO
ターゲットが検索する
フレーズを選定し、
コンテンツを検索結果に
表示させる。
動画メディア
セミナーや解説動画を
編集し、
Youtube で配信
コンテンツ
マーケティング
コンテンツ制作
どの運用をするにも
もととなる「コンテンツ」が必要
SNS
ターゲットの課題への
対処法・解決コンテンツを
X（Twitter）・
facebook で発信
メール
ターゲットに
使い方や成功事例を
メールで配信
広告
過去にコンテンツを
見た読者に再度
広告を見せる

＊＊

※SEOとは、正式には「Search Engine Optimization」と言い、それぞれの頭文字をとってSEOと呼ばれています。SEOは日本語だと「検索エンジン最適化」と訳すことができます。

「検索エンジン最適化」とは、検索エンジン（GoogleやYahoo!など）内であるキーワードを検索した際に、自分たちのサイトやブログなどを上位に表示させることです。

検索結果の上位に表示されると、サイトへの流入者が増え売り上げが上がることが期待できます。

＊＊

②異業種交流会・ビジネスセミナー

あなたの業界や関心領域に関連するイベントに参加することで、自然に人々とつながり、あなたの商品やサービスについて話す機会を増やすことができます。

さまざまな人と気軽に交流できる場という意味合いが強く、セミナー・勉強会などとセットで、最後に1～2時間程度設けられるのが一般的。異業種とは言っても、イベントのテーマに即して同じ方角を向いている人々が集まっているため、会話が弾みやすいのがポイントです。

私自身もパン教室を経営したときに、パンの先生が全くいないような起業家向けのセミナーなどでも、興味があるものにはよく参加していました。他業界の成功事例を自分の業界に持ち込むと、ほかの人がやっていないやり方を先んじて行えるので、成功確率がとても高かったのです。私の場合は、同業界よりも他業界から学ぶケースが多かったように思います。

〈仕組み化のコツ〉

異業種交流会（勉強会）は、一度限りの出会いではなく、長期的な関係性を築くためのものです。よって、興味があるもの、雰囲気が合うもの、居心地がよいと感じられるものだけでかまわないので、定期的にイベントに参加し、メンバーとのつながりを維持することが重要です。

ただし、注意しなくてはならないのは「自分の商品を売り込むため」だけを目的に参加するのは、やめたほうがよいという点です。

もちろん、話をするうちに、結果として自社サービスを案内してしまうこともあるかと思います。ですが、協業ビジネスパートナーを探す、あるいはビジネスのアイデアやヒントを得るために会を活用するほうが、長期的によい関係をつくることができます。人柄的に気の合う人を探すことが、メリットとしてはるかに大きいと感じています。

長期的によい関係を保てる場所として所属しておけばよいと思いますが、面白くもないのに「いつか仕事につながるかも」という淡い期待で、ダラダラと居続けるのはオススメできません。『感情時間術』（※同著者シリーズ本。好きなこと、楽しいことを中心に時間をコントロールする時間術）の観点から考えても、あまり価値のないことだと思うからです。

③教育型セミナーやワークショップ

自分の専門知識を共有するためのセミナーやワークショップを開催することで、参加者からの信頼を得ることができます。

信頼を得られれば、自分が提供する商品やサービスに対する関心を高め、結果的に購入につながる可能性があります。マーケティング（売れる仕組みづくり）の観点では、これらはフロントエンド商品と呼ばれています。

つまり、こういったセミナーなどが売れることによって、その後、本当に購入してほしい高額の講座が売れる確率が高くなるということです。

もちろん、意図してバックエンド（高額商品）を売り込むのは本来のフロンエンドの役割なので、高額講座を案内するために、軽めな雰囲気の講座を用意して売っていくことも手法の一つとしてあります。しかし、ここでお伝えしたいのは、あくまでもあなたの性格やサービス内容を知っていただくためにセミナーを開催するというものです。

それがきっかけで参加者が「もっと習いたい！」と思えば、「このセミナーの続きのセミナーありませんか？」などと聞かれるので、結果として「売り込まなくてもバックの商品が売れる」ことになるのです。

実際に、私のセミナーの半分以上はこのような形で

フロントエンドとバックエンドの違い

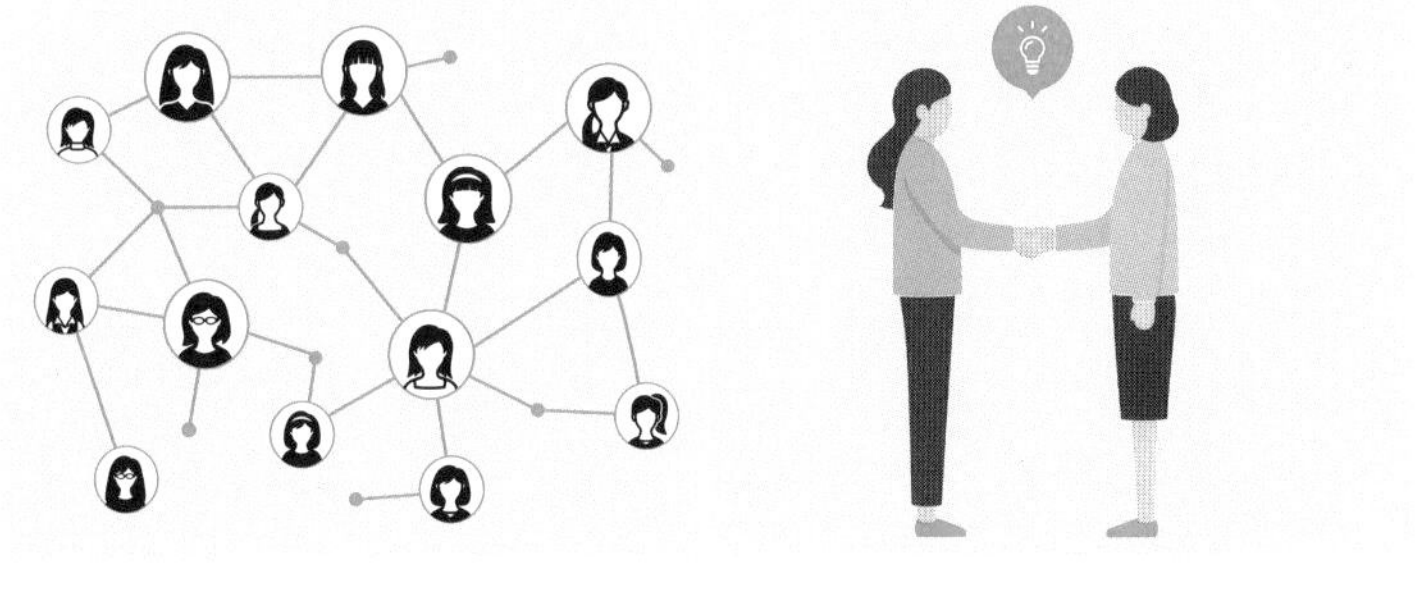
フロントエンドとは
見込み客を集めるサービス・商品
バックエンドとは
利益を出す本命サービス・商品

開催しています。私自身が案内しなくても、参加した方から自然と「このあとの講座はないのですか？」「高橋先生のコンサルティングを受けるには、どうやって申し込みをすればいいのですか？」と聞かれることが多いのです。

このような状態になると、ほとんど売り込みなしで商品が売れていくようになります。

〈仕組み化のコツ〉

セミナーやワークショップの内容を定期的に計画し開催することで、参加者からの期待感を維持し、あなたのブランドを浸透させます。

また、セミナーやワークショップの内容を録画し、後にオンラインでダイジェスト版などを公開することで、より多くの人にあなたの仕事ぶりをアピールすることができます。

特に満席が続くようなセミナーだと、それを見ているだけで「急いで申し込まないと席がなくなるかも！」と思ってもらえるのかどうかわかりませんが、次回開催の問い合わせが来るようになります。

そうなれば、あなたは待ってもらっている人に次回の講座を案内するだけ。「売り込みなし」で予約がどんどん入ってきます。

これらのアプローチは、左脳型の旧営業活動とは異なり、自分自身や自分の商品・サービスについての情報を共有することに重点を置いた営業活動です。未来のお客様候補は、自然にあなたやあなたの商品・サービスに興味を持つようになり、購入につながる可能性が高まります。

このようなアプローチをうまく活用することで、「お客様が勝手に集まってくる楽な仕組み」をつくり出すことができます。

4 「営業」という仕組みは「女性経営者」にこそ向いている理由

本章では、「営業」に対する苦手意識を少しでも減らせるよう、いろいろな視点から「営業」という概念を分析してきました。

章の最後としてお伝えするのは、「営業」は「女性経営者」に実は向いているのだ、というお話です。

⦿女性が営業に取り組むとメリットがある理由

まず、一番の理由はこれです。

【営業ができる人ほど、集客ができて売り上げが上がる】

私自身も会社員時代に営業経験があったことで、後に自宅教室を開業したときに、営業を経験したことがない教室の先生よりも、はるかに早く成果を出すことができました。ただし、これは私だけの特別な成功例ではありません。その後、何人も教室業の先生のコンサルティングをしていますが、「営業出身」という経歴の方は、営業経験のない方の3倍から5倍ぐらい早く成果が出せているという肌感覚があります。

だからこそ、最短・最速で結果を出したいなら「営業」のスキルは必須だというのが私の実感です。また、自宅教室業に限らず、すべての個人事業主に当てはまるスキルとなりますので、みなさんには苦手意識をなくして営業に取り組んでいただきたいと願っています。

女性経営者にこそ営業の仕組みを活用してほしい、もう1つの大きな理由は、次のような調査結果にあります。

【あらゆる消費活動において購買決定権の8割を女性が握っている】

（「消費における女性の購買意思決定権に関する調査結果報告」MaVie：2021年6月より）

つまり、「女性の購買思考と行動を理解できるほうが、商品が売れていく」ということなのです。

それを踏まえて、私はクライアントさんが男性でもあっても女性であっても、女性の心理を読み解くように、とアドバイスしています。とはいえ、日常生活やライフスタイルを考えるまでもなく、男性が女性心理を考えるよりは、女性が女性心理を考えるほうがはるかに共感できるはずです。

だからこそ「女性のほうが営業に向いている」とお伝えしていますし、とりわけ個人事業主の領域では、営業ができる女性のほうが何かと有利だと実感しているのです。

◉女性経営者が「営業」を効果的に感じることができるのは?

前述のように、女性経営者に営業スキルがあると、女性ならではの感性と特質を生かしてビジネスがうまく回りはじめます。

その事例を3つ紹介しますので、あなたにも「うん! 思ったよりも簡単かも!?」と思っていただけるならうれしい限りです。

①感情的なつながりを活用する営業

女性は一般的に、感情的なつながりをつくることに長けています。女性には共感型が多く、人の話を聴くのがうまい傾向にありますし、相手の感情領域が癒やされるような姿勢・態度で話を聴くことができるからだと思います。

お客様の話を親身になって聴く

例えば、顧客のニーズや悩みを深く理解し、それに対する感情的なフォローも含めた解決策を提供することで、信頼関係を築くことができるのです。

このスキルは、お客様が商品やサービスを購入する際に重要な要素となるもので、お客様との深い関係を築くのにも非常に有効です。また、あらゆる業種・業態でも有効に使えますし、もともと女性は同性同士での共感力が高いので、女性経営者にとっては自然に使えるスキルでもあると思います。

＊

〈企業での成功事例　ステラアンドドット（Stella & Dot）〉

ステラアンドドットは、2003年にジェシカ・ヘリンによってアメリカで設立されたマルチレベルマーケティング（Multi Level Marketing＝MLM、日本では「連鎖販売取引」）の会社です。同社は主にジュエリーやアクセサリーを販売しており、バッグなども扱っています。

ステラアンドドットのビジネスモデルは、個々の「スタイリスト」が自宅で開催するパーティやオンラインストアで製品を販売して収入を得るというものです。2016年の段階

序章
第1章
第2章
第3章
第4章
第5章
第6章
終章

では5万人以上のスタイリストと提携し、彼らは売上高の最大35%を得ていました（『Forbes』の記事より）。

お客様がスタイリストとして参加してくるという、面白いビジネスモデルだと思います。共感とつながりをうまく活用した事例です。

＊

②物語を活用する営業

女性は物語を語るのが上手と言われています。このスキルは、商品やサービスの背後にあるストーリーをお客様と共有することでつながりを深め、信頼していただけるというものです。

例えば、商品の開発過程や、あなたがビジネスをはじめたきっかけなどを共有することで、未来のお客様はその商品やサービスに対する深い理解と共感を持つことができます。

男性よりも女性のほうが、物語に深く共感する確率が高いと感じています。

私自身も、パン教室からコンサルタントに転身するときのエピソードなどを自社のＨＰ

で語っています。

私の場合は、教室業の先生をWEB集客の悩みから救いたいと思ったのがきっかけで、コンサルタントになることを決意しました。そこで、まずは実際にパン教室を運営してみることにしたわけです。

WEB集客を駆使したところ、開業してすぐに満席。その後も満席を続ける教室運営ができました。その実績を持ってコンサルティングをはじめたのです。

実際にパン教室を運営しているコンサルタント、ということで、女性のお料理関係の教室の先生にはとても信頼されました。「あなただから」コンサルティングをお願いしたいと言われるケースがとても多かったのです。

これも、物語を語る1つの事例だと思います。

お客様の話を親身になって聴く

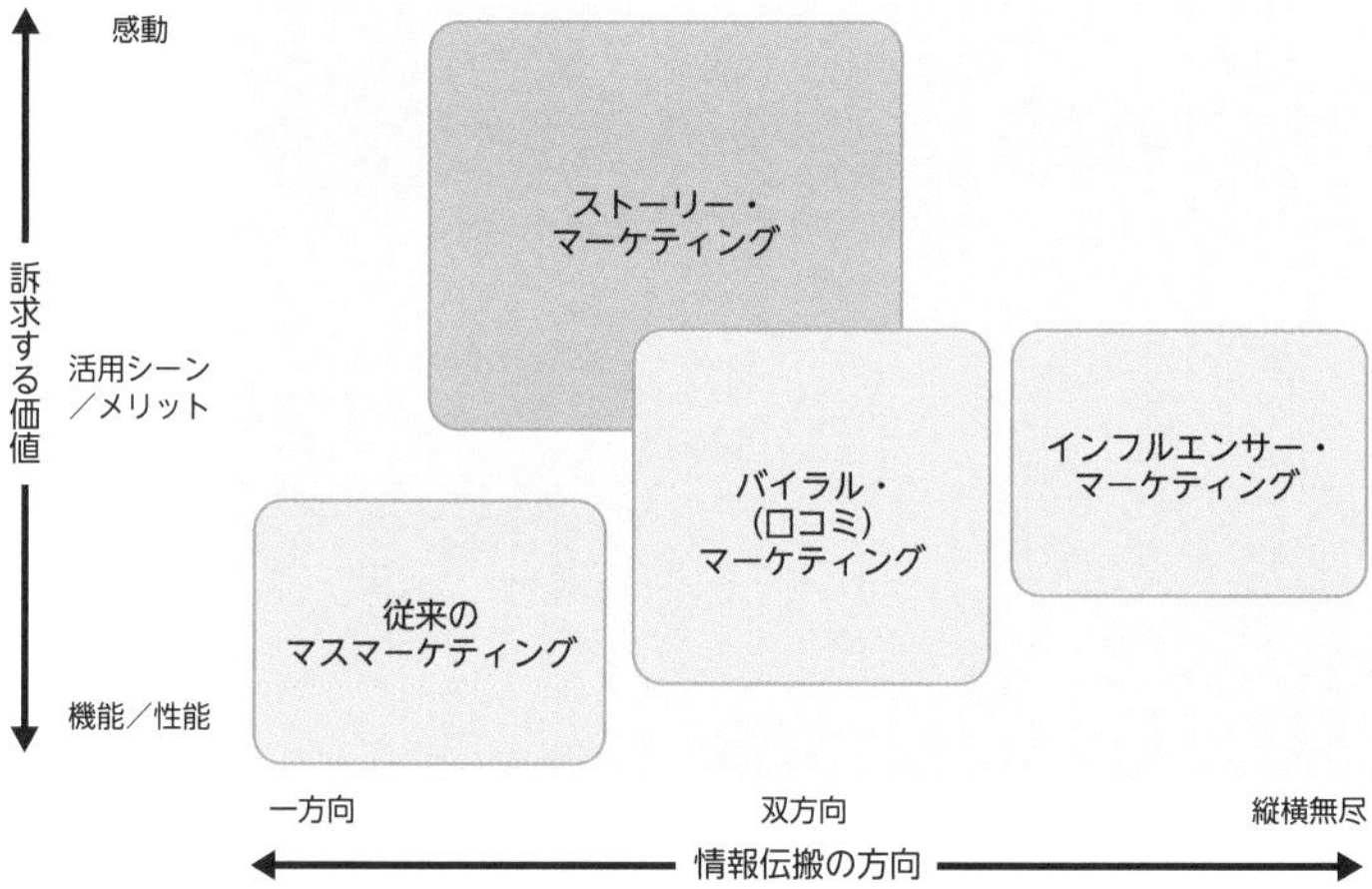

＊

〈企業での成功事例　Apple〉

Appleは、1976年にスティーブ・ジョブズ、スティーブ・ウォズニアック、ロナルド・ウェインによって設立されたアメリカの多国籍テクノロジー企業です。

スティーブ・ジョブズは新製品を発表する際に、その製品がどのように生まれ、どのように世界を変えるかというストーリーを語ることで人々の心をつかみ、製品への興味と期待を高めました。彼のプレゼンテーションは単なる製品紹介ではなく、視聴者を引き込む物語であり、その効果は絶大でした。

Appleとスティーブ・ジョブズは、ストーリーテリングを活用して製品の価値を伝え、ブランドの信頼性を高めることに成功したのです。

＊

みなさんもご存じのApple創始者の一人、スティーブ・ジョブズの新製品の発表時におけるプレゼンテーションはとても有名です。

例えば、2007年にiPhoneを発表したときのプレゼンテーションは、ストーリーテリングの優れた例となっています。

彼は、iPhoneがどのようにして業界を変える存在になるかを語りました。

「革命的な新製品を3つ発表します」

タッチ操作の「iPod」、「革命的携帯電話」、「画期的ネット通信機器」の3つ、と言いながら「独立した3つの機器ではなく、ひとつなのです。名前は、iPhone」と続け、名文句が生まれます。

「本日、Appleが電話を再発明します」

そしてiPhoneが単なる携帯電話ではなく、革新的な使いやすい操作と先進的でパワフルなインターネット通信デバイスであることを強調し、どのようにして「iPod」「携帯電話」「インターネット通信デバイス」を1つに統合したのかという背後のストーリーも語りました。

このプレゼン一発で、人々はiPhoneの主な機能とその便利さを一瞬で理解できたのです。

これは、女性経営者が得意とするストーリーテリングの力を最大限に活用した企業の事例で、わかりやすいよい例だと言えます。

③SNSを活用する営業

よく、女性はSNSの使用に長けていると言われます。そして、おそらくみなさんもSNSはよく活用していることでしょう。

これも、「営業」の一種になるのです。SNSは、商品やサービスを広く宣伝・拡散して、直接お客様とコミュニケーションを取るのにとても有効です。

例えば、Instagram や Facebook などを使って、商品の写真やビジネスの裏側や商品誕生の秘話などを共有することで、お客様とのつながりを深めることができます。

私も、パンのレシピやイメージ写真などを、途中の段階でもよく公開していました。

その記事を見て私の思考に共感してくれた

SNS を活用する

方から、値段なども聞かずに「習いたいです！」というメッセージが来ることもしばしばありました。

このように、本人に売り込む意図がなくても、それらを発表することで興味を持ってくれる人がいます。そんなときには、相手からこちらに寄って来てくれるものです。

＊

〈企業での成功事例　スパンクス（Spanx）〉

スパンクスは、ボディシェイピング下着を中心に、アパレルやアクティブウェア、インティメートなどを提供するブランドです。創業者のサラ・ブレイクリーは、自身の経験から生まれたアイデアをもとにスパンクスを立ち上げ、自らプロデュースした商品をテレビショッピングなどで直接販売しました。彼女の誠実な営業努力と商品の品質が認められ、スパンクスは大成功を収めます。

また、ブレイクリーは女性起業家としても知られ、自身の成功体験をもとに、ほかの女性起業家を支援する活動も行っています。彼女は自らのストーリーを共有し、多くの女性がそれに共感することでブランドへの信頼を築きました。スパンクスは急速に成長し、今日では多くの女性に愛されるブランドとなっています。

＊

自分が感じたことや考えたことを発信しているだけでも、あなたの言動に興味を持ってくれる人は、そのままあなたの人柄に惹かれてファンになってくれます。

そのあとで、あなたが扱っている商品やサービスに興味を持つようになるのは、とても自然な流れなのです。

◉「営業」はあなたが思うよりはるかに身近で、生活にすぐに取り入れられるもの

以上、女性ならではの営業の事例を3つご紹介してきました。

いずれも、あなたがすでに取り入れているものや、新しく取り入れる場合でもそんなにハードルが高いものではない手法をピックアップしてお伝えしたつもりです。

この3つの営業法の特徴は、女性経営者が営業に向いている理由を示している代表的な手法だということです。

繰り返しておきましょう。

①感情的なつながりを活用する営業
②物語を活用する営業

③SNSを活用する営業

ぜひ、どれか1つからでもよいので実践してみてください。

3つの営業法

①感情的なつながりを活用する

②物語を活用する

③SNSを活用する

「人に嫌われながら
押し売りしなくてはいけない」
という勘違い

02

CHAPTER2

営業嫌いな人が持つ、
ネガティブな
イメージからの脱却

営業嫌いな人が持つ、ネガティブなイメージからの脱却

さて、「営業」という言葉のイメージは、あなたにどのように伝わったでしょうか？営業とは、無意識のうちに誰もがやっていることで、案外身近なものであるという実感を持っていただけたのではないでしょうか？

第2章では営業という仕事をもう少し深掘りして、「営業嫌い」という感情を変化させていくためのヒントを、いくつかお話ししていきたいと思います。

1 「人に嫌われながら押し売りしなくてはいけない」という勘違い

まず、みなさんが日常生活で経験したこともある「押し売り」の事例から、感情的な反感を読み解いてみましょう。

◉押し売り営業の代表例

〈テレマーケティング〉

一部のテレマーケティング戦略は、顧客が明らかに関心を示していない製品やサービスを強く推してくるものなので、押し売りと見なされる場合があります。

例えば個人事業主などは、WEBサイトやHPなどに携帯電話番号などを掲載していることが多いので、その電話番号宛てにさまざまな営業電話がかかってきます。そんな経験をしているのは、私だけではなくみなさんも一緒だと思います。私もいつも「面倒だな～」と感じています。

SEO対策の会社や携帯電話の乗換案内、クレジットカードへの加入、保険の案内、健康補助食品など、さまざまなケースがあります。

〈訪問販売〉

顧客が予期しない時間に訪れ、製品やサービスを売り込む営業戦略も押し売りの典型例です。

今では少なくなりましたが、以前は新聞の勧誘員がよく来ていましたね。マンションな

序章
第1章
第2章
第3章
第4章
第5章
第6章
終章

どはオートロックの普及率が高くなったので、そもそもお客様の玄関まで行き着くことが難しくなりましたが、昔はよく押しかけてきたな、という記憶があります。

それから、消火器なども突然の訪問で売り込みされることがありました。テレマーケティングよりは頻度は少なくなりましたが、こちらが予期しない時間に訪問されるのは、実際に対面しないにしても、やはり気持ちの上では不快感を覚えると思います。

人は、楽しかった印象よりも、嫌な思い出や印象のほうが強く記憶に残ると言われています。ですから、このような「押し売り」的な営業を経験した人ほど、「自分はあんなことはやりたくない」と強く感じてしまうのも仕方ないと思います。

◉押し売りしない営業の代表例

押し売りしない営業、つまり「売らない営業」です。

売らないのに、なぜ商品やサービスが買われるのか？　それは、第1章3項でお伝えした「コンテンツマーケティング」から読み解くことができます。

おさらいしておくと、ブログ記事、ポッドキャスト、YouTube動画、Instagram、X（Twitter）など、自分の専門知識や経験を共有するコンテンツを発信することで、読者や視聴者からの信頼を得ることができるというもの。

これは、後にあなたが提供する商品やサービスに対する関心を高め、未来のお客様にとってのよいタイミングで購入につながる可能性があります。

ですから、もしもあなたが「人に嫌われずに営業したい」と思うなら、「売らない営業」をすればよいだけなのです。


例えばコンテンツマーケティングは、お客様から寄って来てくださる「自然に集まる」集客の領域になるので、「感謝されて商品が売れていく」とでも言うべきものです。

しかしながら、コンテンツマーケティングであっても、あなたがしつこく何度も何度も自分の商品の宣伝ばかりしていたとします。すると、相手は聞きたくもない話をしつこく聞かされていることになるので、結局それは、「押し売り」になってしまいます。


相手が「欲しい」と思うタイミングで適切に紹介しさえすれば、感謝されて売れていきます。相手が特に「欲しい」とは思っていないときに紹介すると、相手は「押し売りされた」と感じることでしょう。

つまり、相手を思いやった形での発信ができるなら、それは無理やり買わせることになりません。むしろ、「内容を知りたいから詳しく紹介してほしい」と言われることもよくある話です。手法ややり方よりも「心のあり方」が重要だということです。

もしもあなたが押し売りしているかもと感じているのなら、今一度、相手の状態とタイミングを検討してみてください。あなたがすでに「押し売りかも」と感じているとしたら、たいていは相手にとって都合が悪いケースです。

このちょっとした思いやりが、「売らないでも売れていく」不思議な営業の第一歩になるのです。

2 トップセールスは、商品を「売らない」という真実

多くの人が考えている営業のイメージとは逆に、トップセールスは直接的に商品を「売らない」ことが、実際には多いのです。

しかし、もしかすると、この話はあなたにとって意外なことかもしれません。トップセールスはゴリゴリの押し込み営業だと思っている人が多いことも、私は肌で感じているからです。

トップセールスの営業力とは、一方的に商品を押しつけるのではなく、お客様が自発的

に「欲しい」と思うように導く力なのです。

では、「導く力」とは、何なのでしょうか?

結論を先に言います。

それは「聴く力」、すなわち「課題解決能力」です。

◉トップセールスがお客様にやっていることは?

実際の具体例を見てみましょう。

例えば、ある高級車のディーラーのトップセールスの場合、彼がお客様との初めての接触時にすることは、そのクルマの性能や特徴を一方的に語ることではありません。

彼がするのは、まずお客様の話をじっくりと聴くことです。

- **なぜ車を購入しようと思ったのか**
- **どんなニーズがあるのか**
- **これまでどんな車に乗ってきたのか**

・今度の車に何を求めているのか

このような、クルマに対するお客様の思いや要望を詳しく聞きます。そして、それに基づいてその人に最適な車を提案するのです。

そして、この先が重要なポイントです。

提案するクルマのラインナップに挙げるのは、必ずしも自社のクルマだけではないのです。他社のクルマのほうがそのお客様のニーズに合っていると感じたら、時にはそれを正直に伝えることもあります。

結果として、その時点では自社のクルマは売れなくても、お客様からの信頼を獲得することで将来的に何度もリピート購入してもらえるようになります。

このようなエピソードは、私もかつての会社員営業時代に実際に体験しています。

自社商品だけではお客様の要望がかなえられないとわかった場合、自社商品のセールスも踏まえた上で、あえて他社の商品を紹介することもありました。

結果としてお客様が他社と契約をすることになっても、その方に感謝されて「自分のところでは契約できなかったけれども」と、ほかのお客様をご紹介くださいました。

結果として私は、違うお客様で同様の契約を得ることができたのです。

◉「売らない営業」の事例として有名な会社　任天堂

任天堂は、顧客が何を欲しているかを超えて、「顧客が今、何を必要としているか」を深く理解し、それを具現化した製品を提供しています。特に、その代表例として挙げられるのが「どうぶつの森」です。

このゲームは、プレイヤーが自身の島を自由にデザインできるという、自由度を提供。また、リアルタイムで変わる季節や時間帯によって異なる自然環境や動物たちの行動が描かれ、オンライン機能を利用して友人の島に訪問したり、自分の島に招待できるのです。

新型コロナウイルスのパンデミックが発生した時期にリリースされたこのゲームは、人々が安心して楽しめる空間を提供。心が不安定な時期に、人々の心にリラックスと癒しを与え、社会的な繋がりを保つ手段として非常に重要な役割を果たしました。

ここには、「売る」ことだけを目指すのではなく、「顧客に価値を提供する」ことを目指すという、「売らない営業」の考え方が見て取れます。

◉お客様から感謝されるトップセールスの3つの特徴

このような事例を踏まえて、トップセールスの特徴を3つ、ピックアップしたいと思います。しかも、これは何もトップセールスだからできることというわけではなく、あなたも今すぐに取り入れられる内容ばかりです。

①顧客の話をしっかり聴く

彼らは、まずお客様の話をじっくりと聴きます。それによってお客様の本当のニーズを理解し、それに基づいた提案ができます。

②誠実であること

彼らは一時的な利益を追求するのではなく、お客様のための最善の提案を行います。そうすることでお客様からの信頼を獲得します。

お客様から感謝されるセールス

③長期的な視点

彼らは、一度の取引よりも長期的な関係を大切にします。その結果、お客様からリピート購入を獲得することができます。

売り上げが悪いという経営者の方をコンサルティングしていて、実際に感じることがあります。それは、お客様のリピート率が低い方、集客力が足りない方は、たいてい「目先の数字」を追いかけていて、お客様と長期的な関係性を築けていない場合が多いということです。

「お客様の心」に焦点を当てると、営業とは「売る」行為ではなく、もっと深い意味で「お客様に価値を提供する」ことだと、理解できるのではないでしょうか。

そして、その価値提供はお客様に「欲しい」と感じさせ、さらには自発的な購入に導く呼び水になります。

お客様の「欲しい」を察知するためには「聴く力」が必要で、その「聴く力」の源は「質問力」なのです。私のイメージでは、トップセールスになりたければ「話す力」を磨くよりも「聴く力」を磨くほうが、よほど早道だと思っています。

3 しゃべるのが苦手な人でも、実は無意識に営業ができている!?

前項でお伝えしたように、トップセールスは「聴く力」が優れています。これは、女性の個人事業主でもすぐに取り入れることができるスキルです。

否、むしろ女性のほうが「共感力」が高いと言われているので、売るつもりがなかったのに、共感しているだけで商品が買われてしまった、なんていうのもよくある話です。

営業ができる人は、「話術に長けている人」と勘違いされがちですが、実際は逆です。私も会社員営業時代に経験してきましたが、「聴く9割：話す1割」くらいのほうがうまくいくイメージです。

では、なぜ「聴く」がメインのほうがうまく成約できるのでしょうか?

それは「聴く」という行為には、たくさんの成約のヒントが詰まっているからです。

◉聴くことができる人が成約を得られる3つのヒント

①お客様の潜在的なニーズの理解

お客様の話の中から、表面的な要望だけではなく、その背後にある深いニーズ（目的）や欲求を探ることです（ニーズについては第6章で詳述）。

例えば、お客様が「新しい家具を探している」と言っていたとします。
これは、一見ただ単に家具を求めているように聞こえますが、より深く聴き続けることで「家をリフォームしたので、そのテーマに合った家具が欲しい」という、より具体的なニーズを感じ取ることができるのです。

この、ニーズを聴き取ることができるかどうかは、その後の提案力に大きく関わります。

このタイプの答えを引き出す質問が私はうまかったのだ、というのがわかったのは、かなりあとのことでした。

例えば、先ほどのケースで言うと、成約率が高くない営業マンと話をしていると、彼はすぐに自社のカタログで新製品を見せて、商品説明をしようとします。
一方の私は「どんな家具がお好みですか？　今回はどんなきっかけでご購入を検討されているのですか？」と、おそらく聞くはずです。

それによって、「家が新しくなった」という情報を得る確率が高くなるのです。すると「新しくなった家に合わせて」の提案になるため、単なる家具の領域だけではなく、家全体のインテリアをトータルに考慮して家具の提案をすることができます。

②お客様の不安や懸念を理解

お客様が主体的に話すことで、その人が抱える不安や懸念を理解することができます。もっとも、お客様が直接口に出さなくても、その態度や言葉遣いから察知できるものです。

これを理解できれば、お客様が購入をためらっているときに理由を知ることができ、その障害を取り除くための対策を打つのに役立ちます。

③お客様との信頼関係の構築

聴くことは、相手に対する尊重と関心を示す行為でもあります。それによって、お客様との信頼関係を構築し、それが長期的なビジネス関係につながっていく可能性があります。

人は自分のことを話すときや、それを聴いてもらうときにうれしさを感じるものです。

また、信頼関係があると、お客様は何の気なしに、自身の本音や悩みをよりオープンに話してくれたりもします。そして、時にはこれが新たなビジネスチャンスを生み出すこともあるのです。

以上のように、「聴く能力」とは営業における重要なスキルであり、さまざまなヒントを見つけるための鍵となります。

お客様にメインで話してもらい、それを「聴く」ことで、その方の深いニーズを理解でき、それに基づいた提案もできるようになります。それは、成約確率をぐんと上げることにもつながります。

ですから、話す営業よりも聴く営業のほうが、売り上げが高くなることが多いのです。

あなたがもしも、しゃべるのが苦手であれば、まずはお客様の話を親身になって聴いてみてください。

流れるように話せなくても、あなたの真心ある提案は、不思議と相手にちゃんと届くものですから。

4 「売らない」のに「欲しがられる」という心理の裏側

人の心は複雑で、時に「あまのじゃく」です。

商品やサービスを売り込む場合、しっかりとプッシュすることが成功への鍵だと思われがちですが、実際には逆の効果を生むことも多々あります。

「押せば引くし、引けば相手が寄ってくる」という心理的な現象は、「逆心理（Reverse Psychology）」または「スカーシティ（Scarcity＝希少性）効果」としてよく知られています。

◉「押せば引くし、引けば相手が寄ってくる」という心理背景

「逆心理」は心理学においてよく認識されている現象で、その名のとおり、人は期待される反応とは逆の行動を取るという心理的な傾向を指します。

人は、ある行動や考え方を強制されると、自由を制限されたと感じ、その反発から逆の行動を取ることがあるのです。

例えば、あなたがある商品を強く推奨しすぎると、お客様はそれを疑問視し、反発してしまうかもしれません。

一方で、ある商品の在庫が少なくなっている、またはその商品が期間限定であるといった情報を共有すると、お客様はその商品が手に入らなくなるかもしれないという焦りから、逆にその商品を買いたい、となる可能性が高まります。これは逆心理の一種と言えます。

また「スカーシティ効果」とは、ある商品やサービスが希少であると感じると、それらの持つ本来の価値よりも高く感じるという心理的な傾向を指します。希少性は、商品の数量あるいは販売期間などが限られている場合、または特定の人々だけがその商品やサービスを享受できる場合など、さまざまな形で現れます。

例えば、ある商品が「限定版」であったり、「今だけの特別価格」であったりすると、お客様はその機会を逃したくないと感じ、その商品を手に入れるために行動する可能性が高まります。これはスカーシティ効果の一例です。

以上のように、「逆心理」や「スカーシティ効果」は、人々が商品やサービスを求める動機を強化する強力な心理学的効果です。実は、これらの心理を理解して営業に応用すると、効果的な営業成果を得られることも多いのです。

◉押し売りをすると、かえって売れない

まず大切なことは、押し売りを避けることです。人は自分で意思決定をしたいのです。だから、商品やサービスを強く押しつけられると、自分の選択の自由が奪われたと感じるため、逆に抵抗感を持ってしまうことがあります。これがまさに「押せば引く」という現象です。

例えば、とあるカフェで、スタッフがあまりにも積極的にメニューを売り込んでしまうと、心地よい安らぎの時間を求めて来店したお客様は、逆に不快な気持ちになってしまうかもしれないのです。

ほかにも、ブティックで何の気なしに服を見ているだけなのに、店員さんがベッタリついてくると落ち着いて服を選べず、結局店を出てしまったという経験のある女性は多いと思います。

このカフェやブティックのスタッフが、お客様のペースで自由にメニューや陳列を見ることができる時間と空間を提供してくれていたら、積極的に注文をしたり洋服を買ったりという逆の状況になっていたかもしれません。

◉希少性や限定性は、お客様の心が強く惹かれる要素

一方の「引けば相手が寄ってくる」は、お客様が自発的に商品やサービスに引き寄せられる力を活用することです。商品やサービスの希少性や独自性を強調することで、お客様の心が動く場合が多いと思います。

先ほどのカフェの例を取ってみましょう。

ある日、そのカフェが限定メニューを提供するという告知をしました。それは1日限りの特別なメニューで、数量も限られていました。この情報を見たあなたは、この機会を「逃したくない」という気持ちからカフェに足を運び、その限定メニューを注文しました。

「引けば相手が寄ってくる」という現象が起こる要因は、自身の商品やサービスが本来持っている魅力を最大限に引き出すことで、お客様が自然と引き寄せられるような環境をつくり出すことにあります。

さらに言うと、お客様にとっての価値は何か、どういう提案をすればお客様が「自分で選択した」と思ってもらえるかを考えることも、重要なポイントです。

ちなみに、私はお客様が自分で選んだという感覚を大切にしたいと思っているので、あえて提案を1つに絞らず、常に3つくらいの提案を用意しています。**お客様に「どれか1つを選んでいただく」というアプローチを取る**わけです。

つまり、YESかNOかの2択ではなく、YESのみの3つのバリエーションを用意することで、限りなくNOという選択をしないように心理的に誘導しているのです。

5 最強の営業法は「よい商品」をつくり「必要な人に見せる」だけ

最も効果的な営業の大前提として、素晴らしい商品やサービスをつくり出し、それを必要としている人々に提供することが必要です。言うまでもなく、これこそが「営業なしに商品が売れていく仕組み」をつくる第一歩になるからです。

この項では、「よい商品」をつくると、なぜ営業なしで売れていくのか。そして、その商品をどのように「必要な人に見せるのか」という点についてお伝えしたいと思います。

◉営業なしで商品が勝手に売れていく!?　「よい商品」とは?

さて、ここであなたに質問です。

【あなたのビジネスにおいて「よい商品」とはどんな商品ですか?】

そう聞かれたら、あなたは何と答えますか?　少し考えてみてください。

――人によっては、次のような答えを想像したかもしれませんね。

- **高品質、ハイスペックな商品**
- **他社は持っていない革新的な技術を持っている**
- **使いやすくて長持ちする**
- **コストパフォーマンスがよい**

たいていの場合、「機能」などに着目した「よい商品」の感覚を持っている人が多いと思いいます。もちろん、それは間違いではありませんし、必要なことです。ただ、本書の「感情営業術」の観点からは、「よい商品」の定義はこのように定めたいと思います。

【「よい商品」とは、その商品を必要としている人の欲求を深く満たすものであり、その価値が明確に伝えられるもの】

つまり、**「ある特定の人たちにとって価値のあるもの」**が**「よい商品」**だということです。これは、「特定の人以外にはそれほど価値を感じない場合もある」と言い換えることもできます。

◉特定の人たちにとって価値のある「よい商品」のつくり方

では、特定の人にとっての「よい商品」は、どのようにつくればよいのでしょうか。以下、４つ挙げていきます。

①お客様の必要度合いを理解する

まず、誰がその商品を必要としているのか、その人々が何を求めているのかを理解することが大切です。これは、市場調査や実在する理想のお客様へのインタビューなどを通じて行います。

具体的なニーズを理解することで、そのニーズを満たすための商品開発が可能となります。商品開発といっても、必ずしも物質的なものだけではなく、レッスンやセミナーなど無形のものも含みます。

②競合他社との差別化

その商品は、市場に存在するほかの商品と

よい商品の作り方

何が違うのか、どのような特徴や利点があるのかを明確にすることが必要です。この差別化によって、お客様はあなたの商品がほかの商品と比べてどう優れているのかを理解できます。

③品質の検証

商品やサービスの品質はとても大切です。商品・サービスがその価値を約束する形になっているかどうかなど、商品・サービスの品質を確保・維持するための努力が必要です。

④わかりやすい価値提案

商品の価値をシンプルにわかりやすく伝えられることが必要です。価値が理解できると、お客様はその商品が自分にとって重要であり、「購入しなければならない」または「購入したくなる」気持ちになり、実際に行動を起こします。

お客様の期待を上回る商品（見た瞬間に「欲しい！」と思う商品）をつくることで、商品そのものが勝手にお客様を魅了して引き寄せはじめます。

この状態を構築することが、まさにあなたが「売らない」のに「売れていく」という現象を生み出す営業法となるのです。

◉ある特定の人にとっての「よい商品」の事例

あなたに「よい商品」を理解していただくために、少し極端な例をお話します。

ペットボトルに入った500㎖の水は、通常100円レベルで購入できます。では、これが100万円で売れることはあるでしょうか？


一人の男性が、砂漠をふらふらになりながら歩いていました。生死の境目ギリギリのところです。のどを潤す1杯の水があれば命がつながる。そんなギリギリの状態です。

そこに、500㎖の水を100万円で売る人が現れました。その水があれば命をつなげられる。そして生還することができるのです。

男性は迷わず、その水を100万円で買いました。そして、生きて自分の職場に復帰することができました。

――実は、男性は有数の企業のトップであり、その頭脳は1日数百万円以上の価値を生むとされるリーダーでした。その男性がもとの職場に戻って利益を生み続ける未来を考えたら、100万円支払って命をつないだことは、むしろ「安い」買い物だったということになるのです。

普通に考えれば、100円で買える水が100万円で売れるわけはない、という発想になります。

しかし、「特定の人、特定の環境下といった条件がそろえば、商品の価値はいくらでも変わる」ということを理解していただくための極端な例でした。

でも、この事例、内容としてはイメージできますよね？

◉あなたにとっての「よい商品」をつくってみる

前述の例も含めて「よい商品」をつくるノウハウは理解していただけたと思います。

では次の段階です。実際にあなたにとっての「よい商品」、すなわち「売り込まなくても売れる商品」をつくらなければなりません。

「売り込まなくても売れる商品」をつくるために必要な要素は、以下に挙げる2つです。

・誰に
・何を

いわゆる、売れる仕組みづくり（マーケティングの仕組みづくり）の基本である「ペルソナ（商品を強烈に渇望してくれる特定の人間像）設定」をしっかりと行う必要があるのです。

そして、この2つの要素に加えて最近必要だと私が感じているのがこれです。

・タイミング（トレンド）

「この人なら絶対に買うに違いない！」という人間像を設定していても、「タイミング」がずれてしまうと「買わない人」に変わってしまうこともよくあります。

例えば、中学受験に必要なセミナーは中学1年生になってしまったら必要なくなります。人間像が正しく設定されていても、「タイミング」がずれてしまうと売れなくなってしまう商品・サービスもあるのです。

ですから私は、従来型のペルソナ設定（誰に・何を）に、もう1つ「タイミング」という要素を加えて「よい商品（売り込みなしで売れる商品）」をつくることをオススメしています。

お客様に、見た瞬間に「欲しい！」と思ってもらえるタイミングでよい商品を見せることができれば、売り込みなしで購入してもらえます。

売るのではなく、見せるだけでよいというのは、このような理由からです。

◉「よい商品」があるだけではダメな理由

よい商品は、その存在自体が売り込みなしで売れていく状況をつくり出すことができます。しかし、これをどのように「欲しい人に見せたらよいのか」ということも、セットにして活動していかなければなりません。

ここでは、その方法をお伝えしたいと思います。

今回は特に「売り込みなし」ということを基準にしているので、前述の復習になるアイデアも含まれています。

こちらから押していくというよりは、情報提供などを行い広く認知活動をすることでお客様がこちらを探しにくる状況をつくる、という手法が中心になります。

①SEO（検索エンジン最適化）対策をする（＝キーワード対策、ハッシュタグ対策など）

SEO対策とは、キーワードで探されるようにWEBサイト対策をすることです。

あなたも、GoogleやYahoo!などの検索エンジンを使ったことがあると思います。例えば、急に歯が痛くなったときは「歯医者＋○○（地名）」という組み合わせで、よく検索されるものです。

つまりあなたは、相手の人が「探したくなったときに探されるキーワード」を把握しておく必要があり、「よい商品」をつくったのであれば、その商品が「探される」一般的な名称を把握して、WEBサイトにキーワードを埋め込んでおく必要があります。

こういう対策をしておけば、相手が自然とあなたのサービスを探してくれるため、売り込みなしで「商品・サービスを見せる」ことができるのです。

②価値あるコンテンツをＳＮＳ上で配信する（＝ＳＮＳ集客）

価値のある有益なコンテンツ（お役立ち情報）を作成し、ＳＮＳなどで無料拡散します。そうして認知度を高めて、ほかの人が共感することでシェアする。それによって、さらに新しいお客様と出会うことができるようになります。

③影響力のある人の力を借りる（＝業界に影響力のある著名人の紹介）

あなたが商品を購入してもらいたいターゲットに絶大な信頼と影響力がある人に、あなたの商品を語ってもらうことで、あなたの商品を知らせることができるようになります。

④交換宣伝で拡散する（＝コラボライブ・コラボセミナーなど）

似たようなお客様属性を持つ仲間と一緒に、お互いの商品やサービスを紹介し合うことで認知度を上げていきます。自分自身で商品を宣伝しない分、相手の信頼を使って商品のよさを信じてもらえます。

⑤広告宣伝を打つ（＝インスタグラム広告・Facebook 広告・YouTube 広告など）

広告は広く浅く、がベースですが、直接の売り込みというよりは認知のために多く使うべきものです。ただし、費用がかかる分、起業初期はあまりたくさんの資金を投入できないので、少し難易度が上がります。

以上5つの例は、商品やサービスを見つけやすくし、露出度を上げて顧客の興味を惹くことに重点を置いたものです。

これらの活動の重要なポイントは「欲しいと思ったときに見てもらえる場所に自分がいる」ことです。そして、同時にその場にいなくても「こんなときにはこの人に頼もう」と、記憶にとどめておいてもらうことも大事です。

これらの手法は、いきなり購入につながることを第一の目的にしているのではありません。「長期的にお付き合いをする」ことで、商品を「必要なときに買ってもらえる」ファンづくりをするために行うものです。

熱量の高いファンがある一定量存在すれば、まさに商品を「見せるだけ」で売れていく状況をつくり出すことができます。

ただしこの状況の構築には時間がかかるので、じっくり取り組むべき手法だということは、あらかじめ理解しておく必要があります。

「苦手な営業」はやらなくてもよい。感情で仕組み化する

03

CHAPTER3

新時代の
女性向き営業スタイルは
「感情」でつくる

新時代の女性向き営業スタイルは「感情」でつくる

・営業を難しく考えない
・営業に対するネガティブなイメージを手放す

1章・2章では、営業の概念を変えていただくために、実例を交えてこのようなポイントをお伝えしました。

いよいよ3章では、「感情」で仕組み化する具体的な方法をご紹介します。これが理解できるとその後の実践が楽になりますので、楽しく読み進めてください。

1 「苦手な営業」はやらなくてもよい。感情で仕組み化する

「営業」は、商品やサービスを売るためには必須の活動ですが、この本を手に取ってくださったあなたのように「売り込みは苦手」という人が多いのも事実です。

特に一人でビジネスをしている女性起業家の中には、「自分の商品やサービスを人に売

る」という行為そのものに苦手意識を持つ方が多いことも、日々のご相談の中で私も実感しています。

ただ、1つ忘れてはいけないことがあります。

【あなたが提供している商品やサービスは、誰かの悩みを解決し、その人の人生を豊かにする手段である】

この商品・サービスを必要とする「悩める人」に、そのよさを「どのように伝えるか」がわからないことが問題なのであって、それを伝えるための「営業が苦手だということが問題ではない」ということです。

今回の本では、その1つの切り口として、「感情」を武器にすることをテーマにしています。そのテーマに則って、これからあなたに、新しい視点の営業の形をお伝えしていこうと思います。

◎「感情で営業プロセスを仕組み化する」

「感情で営業プロセスを仕組み化する」という手法は、お客様の心に訴え、共感を生むことで自然と商品やサービスへの関心を引き出し、お客様が自ら購入を決断する状況をつくり出すというものです。

顧客の感情や欲求に訴えかけることで、自然な形で販売へとつなげていきます。このプロセスには、無理な売り込みは必要ありません。

では、具体的にはどのようにそのプロセスをつくっていけばよいのか、従来型の営業手法と絡めながら解説していきます。ポイントは以下の3つです。

商品・サービスのストーリーを伝える

①顧客の「悩み」や「欲求」を理解する（＝従来型マーケティングのペルソナ設定）

従来型のマーケティングでは、一般的に、最初にペルソナ設定が行われます。ペルソナとは、具体的な顧客像を想定して、その人物の特性や行動パターンを設定することです。

しかし新しい営業スタイルでは、ペルソナ設定だけではなく、特に「感情」に焦点を当てて理解を深めます。具体的には、そのペルソナが抱える具体的な「悩み」や「欲求」を理解し、それに対してあなたの商品やサービスがどのように応えられるのかを具体的に考えます。

この段階では、商品・サービスの特性や利点を伝えるだけではなく、顧客の感情に対する理解を深めることが重要です。

そして、あなたの商品・サービスがお客様のどのような悩みを解決し、どのような欲求を満たすのかを伝えることで、お客様が自分に必要なものだと感じ、購入につなげることができます。

従来型のペルソナ設定より重きを置くポイントは、「感情」にフォーカスすることです。

②商品やサービスの背後にあるストーリーを伝える（＝従来型のブランドストーリーテリング）

ブランドストーリーテリングは、ブランドの起源や創立者のビジョン、ブランドが社会や顧客に対して果たしてきた役割、ブランドが提供する商品やサービスが生まれた経緯など、ブランド全体を通じて一貫したストーリーを描き出す手法です。

こういう物語を示すことによって、お客様に商品や会社への愛着を持ってもらい、一貫した商品のクオリティを信頼してもらい、さらには末永くリピーターになってもらうことができるのです。

このような手法は、従来型のマーケティングでも使われてきました。そして、今回の「感情で営業プロセスを仕組み化する」にも取り入れていきます。

あなたがこの手法を応用するためには、まず商品やサービスの背後にある「ストーリー」を伝えることが必要です。あなたの商品やサービスがなぜ生まれたのか、その背景や価値、目指している世界をストーリーとして伝えることで、お客様はあなた自身やあなたの商品やサービスに共感しやすくなります。

私もこの手法は意識して活動しています。自分なりの「高橋貴子ブランド」＝「飛常識」なので、あらゆるサービスを提供する上で、その背景に共通するコンセプトとしての「飛常識」を投影しています。常識を超える自由な発想のサービスを提供しやすいのは、このコンセプトがあるおかげです。

そしてこのコンセプトがあるために、私が提供するサービスは、経営コンサルセッションや電子書籍のディレクション、はてはスピリチュアルビジネスコーチングなど、全然違う世界観の関連事業まで幅広く展開していけます。「飛常識」が好きな人は、どのサービスでも喜んでご購入くださるからです。

これも一種のブランディングによる「売り込みなしの仕組み」になっています。

③フォローアップで心をつなぐ（＝従来型リピート対策）

従来型のマーケティングでは、お客様が商品やサービスを一度購入したあと、そのお客様を長期的に保持するためのリピート対策が重要とされています。

私が提唱する「感情営業スタイル」では、リピート対策もまた「感情」を重視します。

具体的には、購入後のフォローアップを通じてお客様の感情に寄り添い、満足感や喜びを増幅させることに焦点を当てます。これにより、単なるリピートではなく、お客様との深い信頼関係を築くことができるのです。

このように、従来型のマーケティング（売れる仕組みづくり）でも行っていることが、感情営業の仕組みにも組み込まれています。しかし、新しい営業スタイルとの主な違いは、さらに「感情」に重きを置いていることです。

従来型のマーケティングでは、商品やサービスの特性や利点を中心に考えがちですが、「感情営業スタイル」では、顧客の感情に寄り添い、それに応える方法を考えることが重要となるわけです。

そして、おそらく女性が元来持っている「思いやり」や「気配り」「気遣い」を最大限に生かしつつ、自然に売れていく仕組みの構築ができると思います。

2 勝手にお客様が集まり続ける仕組みのポイントは「共感」

成功するビジネスにおいては、さまざまなシーンで「共感」がポイントになってきます。

そして、お客様の「共感」の感情を引き出すためには、まずあなたがお客様の「悩み」

や「欲求」を理解する必要があるのですが、その理解をベースに、あなたの商品やサービスが、お客様の願望にどのように応えられるのかを明確に伝える必要があります。

◉あなたの商品・サービスにお客様が「共感」するためには？

例えば、あなたが「環境にやさしい洗剤」を販売しているとします。

環境に配慮したいお客様の「悩み」は、「環境への影響を最小限に抑えつつ、効果的に汚れを落とす洗剤を見つけたい」というものかもしれません。

これに対し、あなたの商品は植物由来の成分を使用していて、効果的に汚れも落とせるし、さらにパッケージもリサイクル可能な材料からつくられているとします。

では、この商品について「共感」を引き出すためには、どのように伝えればよいのでしょうか？

答えは、もうおわかりですね。

そう、答えは、商品だけではなくその背後にある「ストーリー」を伝えることです。

あなた自身が環境にやさしい「エコフレンドリー」に取り組む人で、化学物質を排除した洗剤が欲しかった。でも、それが見つからなかったからあなたが自分で洗剤をつくることにした、というストーリーを伝えるのです。

そうすることで、あなたの洗剤がただの洗剤ではなく、「環境にやさしく、人々の生活を向上させるための愛情を込めた製品」であるということを、お客様に感じていただけます。

その結果として、「エコフレンドリー」な姿勢を好ましく思うお客様は、あなたの商品に共感し、他社と比較しても自然とあなたの商品を選ぶ可能性が高くなるのです。

◉あなたの商品・サービスの共感ポイントを伝えるエクササイズ

実際にあなたの商品・サービスの共感ポイントを伝えるために、４段階のエクササイズを実践してみましょう。

〈ステップ1〉

まず、あなたの顧客が何に「悩み」を感じているか、何を「欲している」のか、その項目をアップしてみましょう。

〈ステップ2〉

次に、あなたの商品やサービスがその「悩み」や「欲求」に「どのように」対応しているかを明確に書き出してみましょう。

〈ステップ3〉

それから、あなたの商品やサービスが生まれた背景、その理念やビジョンなどの「ストーリー」を文章化してみましょう。

それがあなたのブランドストーリーとなります。

〈ステップ4〉

最後に、これらすべてを1つにまとめ、顧客が共感しやすいようなメッセージをつくり出します。そのメッセージを、あなたのＷＥＢサイトや広告、商品名、ＳＮＳ発信などに反映させていきましょう。

では、このエクササイズが当てはまる事例を2つご紹介します。

●米粉パンの教室（自分や家族が小麦アレルギーになったことがきっかけ）

〈ステップ1〉

あなたがどのように米粉パンづくりを学んだか、あるいはそれにどのように情熱を注いだかを語りましょう。あなた自身の経験や感情を共有することで、読者との共感を生み出します。

〈ステップ2〉

あなたが選んだ米粉の種類や調理法について、どのようにそれがあなたのパンをユニークにしているのかを強調しましょう。

〈ステップ3〉

レッスン中に生徒様と共有するための、あなた自身や家族が小麦アレルギーと闘う中でのエピソードや学びを書き出しましょう。

【ストーリー】

私が米粉パンの教室を開いたのは、自分と家族が小麦アレルギーになったことがきっかけでした。一般的なお店には小麦粉を使わないパンが少なく、あっても家族が喜ぶようなおいしいものはほとんどありませんでした。私は家族のため、そして同じ悩みを抱えるほかの人たちのためにも、自分でおいしい米粉パンをつくる方法を学び、それを広めることにしました。

●アクセサリー雑貨の教室（オリジナルをつくっていたら、ほかの人に教えてと言われた）

〈ステップ1〉

あなたがどのように雑貨づくりをはじめたのか、雑貨づくりの何があなたを惹きつけたのかを述べてみましょう。あなたの個人の経験と感情を共有することで、読者との共感を生み出します。

〈ステップ2〉

自分がつくり出す雑貨がほかの商品とはどのように異なるのか、またそれがどのようにあなたの個性や価値観を反映しているのかを強調しましょう。

〈ステップ3〉

自分がオリジナルの雑貨をつくるプロセスを、初めてその雑貨を見た人が感じるであろう驚きや喜びと一緒にアップします。レッスンで共有するためのエピソードや学びも忘れずに。

【ストーリー】

自分の好きな雑貨が市場になかったことから、私は自分でオリジナルのアイテムをつくりはじめました。そして、その製作過程をSNSで共有してみたところ、驚くほど多くの人から「どのようにつくるのか教えてほしい」とのリクエストがあり、私の雑貨教室が生まれたのです。

この2つの事例のようなエクササイズを繰り返すことで、共感を呼び起こすメッセージづくりに慣れることができるようになります。前述の例は基本の型になりますが、実際にはもっとアレンジを加えてみて下さい。

また、お客様の反応を常にチェックして、必要に応じてメッセージを更新し調整することも大切です。その際には、お客様の実際の声などをインタビューしながら項目修正していくと、よりよいメッセージになっていきます。

このように「共感」を呼び起こす手法が、「勝手にお客様が集まり続ける仕組みづくり」の第一歩となります。

3 「売り込み営業」から「思いを語るスタイル」へ変換する

私の職業は「経営コンサルタント」です。

ですから当然、私のクライアントさんは「集客や経営」についての悩みをお持ちの方たちであり、相談事も「集客や経営」に関することが主です。

初回面談時に、現在のビジネス状況を伺うことになりますが、このときに「うまくいっていない経営者の方の思考」は、たいてい同じ方向に向いています。

その思考とは「自社目線が強すぎる」というもの。

つまり、お客様の心の中に軸を置いてサービスをつくっているのではなく、自分がやりたいように商品をつくって展開しているので、お客様の心に響きにくいのです。

面談して話を聞いてみると、集客できない方の十中八九は、「商品」の性能や特徴ばかりを語ります。

一方、集客できている方は「お客様目線」での商品設計と、「その商品の物語」を持っている方が多いと感じます。

◉人が「ものに惹かれる」「ものを買う」理由は、実にシンプル

人は自分の心に響くもの、自分の感情や思考、価値観に共感するものに惹き寄せられます。言い換えれば、商品やサービスそのものに惹かれるのはもちろんですが、それよりも、その商品やサービスを提供する企業や人の思い、価値観、理念がお客様にとって大切な場合が多いのです。それこそが、「惹かれる」「買う」理由だと言えます。

特に、共感脳が強い女性に多く見られる傾向だとも思っています。

売り込み営業では、一方的に商品やサービスの特徴、機能、利点を押し出すことになり

ます。相手が知りたいかどうかはおかまいなしです。だから嫌われます。
それに対して思いを語るスタイルでは、商品やサービスを通じて、どのように自分は世界をよりよくしたいと思っているのか、お客様のどういった悩みを解消したいと思っているのか、その両方を語ることになります。
当たり前ですが、後者のほうがお客様から見た場合「好感度が高い」ということは、すぐにわかりますよね。

◉思いを語るスタイルへ転換するエクササイズ

では、売り込み営業から思いを語るスタイルに転換するには、どうすればよいのでしょうか。ここでは、3段階のエクササイズをご紹介します。

〈ステップ1〉

あなたがビジネスをはじめた理由、ビジネスを通じて達成したい目標を書き出しましょう。それがあなたの「思い」です。

〈ステップ2〉

次に、あなたのお客様が何に悩んでいて、あなたの商品やサービスがそれをどのように解決できるのかを考えてみましょう。

〈ステップ3〉

その後、あなたの「思い」と顧客の「悩み」がどのようにつながっているかを見つけ、それを文章にしましょう。それがあなたの「共感ストーリー」です。

では、ストーリーを持ったビジョンを打ち出して、思いを伝えている企業の実例を1つ挙げておきたいと思います。

〈mizkan（ミツカン）〉

ミツカンは、お酢やドレッシングなどの製造を行っている、みなさんにもなじみのある食品会社です。

ミツカンのホームページ（https://www.mizkanholdings.com/ja/group/philosophy/）

には、ビジョンが次のように書かれています。

Vision（ビジョン）：グループビジョンスローガン

ミツカングループが、「お客様に提供していく価値」の宣言です。
人のいのちの源である食品をつくっているという、誇りと責任。
「やがて、いのちに変わるもの。」は、そんな私たちの想いから生まれたことばです。
****

やがて、いのちに変わるもの。
人が泣いています。人が笑っています。
人と人が出会い、人と人が恋をし、結ばれ、
子供が生まれ、育ち、ふたたび新しいドラマが始まってゆく。
人は歌い、人は走り、人は飛び、人は踊り、
絵を描き、音楽を生み、壮大な映像をつむぎ出す。
食べものとは、そんなすばらしい人間の、一日一日をつくっているのです。
こんこんと湧き出す、いのちのもとをつくっているのですね。
私たちがいつも胸に刻み、大切にしているのは、その想いなのです。

どこよりも安全なものを。どこよりも安心で、健康で、おいしいものを。
やがていのちに変わるもの。
それをつくるよろこびを知る者だけが、
「限りない品質向上」をめざせる者であると、
私たちは心から信じています。

このグループビジョン・スローガンは、ミツカングループがお客様に提供していく価値の〝宣言〟です。商品の性能がどうこうということよりも、そもそも「何のために企業は存在しているのか」という存在意義を明確に伝えています。

このようなビジョンのもとに、私たちに提供される「商品」がつくられていると知れば、私たちは信頼感や安心感を持って「消費者」になることができるのではないでしょうか。

◉ビジネスが成長し続ける鍵は何か

一般的に、「売り込み」ではなく「共感」を基軸にしたコミュニケーションを行うことで、お客様自身の悩みや願望を理解し、解決策を提供してくれる企業や人物との強い絆を、お客様は感じるものです。これこそが、「売り込み営業」から「思いを語るスタイル」へ転換する手法にほかなりません。

そうやって信頼関係を築くことで、「顧客ロイヤルティ（＝企業や人物への忠誠心・愛着心）」が向上し、結果的には継続的なビジネス成長につながっていきます。

つまり、「思いを語るスタイル」にシフトすることで、長期的なビジネスの発展も見込めるということなのです。

なぜなら、それが「共感するお客様が集まり続ける仕組みづくり」の基本であり、ビジネスが成長し続けるための鍵だからです。

ただし、言うまでもなく、お客様があなたやあなたのビジネスに対して抱く親近感や共感は、一夜にして生まれるものではありません。ブランド構築には、発信の積み上げなどの地道な作業を一貫してやり通す根気と時間を必要とします。

ですから、新規事業を立ち上げた人がやみくもにSNSで告知宣伝をしたとしても、いきなり予約が入ったりはしないのです。

しかし、この取り組みを通じて、あなたはただ商品やサービスを売るだけではなく、お客様との間に「意味のある関係」を築くことができます。

その関係は次の言葉で表されます。

【お客様のファン化＝愛着心・忠誠心を育てること】

単に、売り上げに一時的な影響を与えるだけではなく、ビジネスの持続可能性にも寄与する関係のことです。

結局のところ、ビジネスは人とのつながりによって成り立っています。お客様があなたのビジネスに対して独自の絆や共感を抱くことで、競合他社との差別化を図り、お客様から選ばれ続ける存在となりうるのです。

そして最終的に、売り込むための営業ではなく、思いを共有するための対話を通じて、本当の意味での顧客獲得とビジネス成長を達成できるようになります。

このように「売り込み営業」から「思いを語るスタイル」へ転換することで、あなたのビジネスは、強力にお客様に愛されて支えられるビジネスへと変貌していくのです。

4 お客様の熱量をアップ！　勝手に探され勝手に購入されるルートづくり

私はもともと、教室経営コンサルタントになるために自分のパン教室をつくり、マーケティングをテスト的にいろいろと試すという方法を取ってきました。

10年以上前の当時、一般的に主流だった集客方法はブログによるものでした。特にアメブロでの集客は目立っていました。アメブロ集客そのものだけを取ってみると、かなり下火になっている部分はあるにしても今でも根強く残っている、集客の基本の考え方でもあります。

というのは、「勝手に探される仕組みづくり」はブログで行うものだったからです。

◉私が教室を開業するときに取った戦略方針

そもそも、私が教室経営コンサルタントになるきっかけは、パンこね機の営業部長としてパン教室の先生と接していたときのこと。みなさんから以下のようなつらい現実を聞かされ、課題を解決して差し上げたいと思ったからでした。

・いろいろと工夫しても、集客に苦しんでいる
・毎月の集客が安定しないので、単発イベント的に頑張って集めている
・忙しいレッスンをこなしながらでは、イベントを考える時間が取れない

このような事情を踏まえて、自分でテストマーケティング的に教室をつくることにしたので、なるべく集客の手間をかけない方法を採用したかった。そこで、次のような事柄を念頭に集客の設計をしたのです。

①毎月の集客が安定する教室
②毎月の集客の苦労をしないで自然に集まる仕組みづくり

具体的には、それぞれ以下の点を重視しました。
①毎月単発のレッスンにするのではなく、6か月のコースレッスンで講座を組む
②キーワードから探されやすい興味深い記事をブログやHPに書き、勝手に予約される

結果としてうまくいったのですが、もちろん、その道のりは決して簡単ではありません

でした。しかしながら、うまくいくと年を重ねるごとに集客が楽になっていくというやり方なので、じっくり取り組むことができるのであれば、長期的には集客がとても楽になっていきます。

◉勝手に探され、勝手に予約が入るために必要なこと

集客ができないみなさんのお悩みを伺っていると、SNS発信一つを取ってみても「お客様の熱量」＝「感情がときめく」ことに、そこまで焦点を当てていないように感じます。「SNSはみんながやっているから、とりあえず何となくやっておくか」という程度の取り組みでは、当たり前ですが熱量が足りません。あなた自身がサービスを買う立場になったら、きっと思い当たる節があるはずです。

共感と感動は「知的好奇心が満たされる」から生まれることが多いものです。特にブログは、その記事がネット上に残り続けるので、普遍的な感情の価値にアプローチできるものであれば、長期的に新規のお客様を運び続けてくれる宝箱にもなりえます。

しかし現状では、教室業など自営で仕事をやりたい人が年々増え続けているため、従来

レベルのブログ記事では人が感動しなくなっています。そこは難易度が少し上がっている部分ですね。

つまり、あなたの商品・サービスを求めている人をより具体的に想像して、かつその人が探しそうなキーワードをベースに、こちらが先回りして言葉を埋め込んで文章を書く必要があるということ。こうなるとほぼ心理戦です。

もちろん、時代背景やトレンドも関わってくるので、このキーワードは時とともに変わっていきます。とは言え、この「勝手に探される」というメカニズムがわかっていると、どんな商品やサービスを扱っても同様に予約が入ってくる状態をつくることができるので、ぜひマスターしてほしい考え方です。

では、当時の私が自分のパン教室を「勝手に探される状態」につくり上げるためにどうしたか。具体的にどのようなキーワードでブログの文章を書いていたのか。そのポイントを解説します。

◉「勝手に探してもらって」予約が入るパン教室にするブログの書き方（実例）

①ターゲット・ペルソナ（概要）

想定するターゲットの人物像です。

初心者のパンはひととおりできて、ドライイーストのパンづくりから、ワンランク上の天然酵母のパンづくりへ移行したい中上級者。

手ごねはひととおりやったので、手が疲れない機械こねのパンづくりでよい人。

変わった成型、変わった材料を使ってもよいので、珍しいパンでみんなにプレゼントして驚かれたい人。

パン屋さんでつくったようなおしゃれなプレゼント用のパンをつくりたい人。

②最重要キーワード「3つ」を決める

「天然酵母・パン教室・横浜」

店舗ビジネスの場合は、通常、教室の種類と地域を設定することが多くなります。

探してもらえるブログの書き方のポイント

① ペルソナ
② キーワード
③ タイトル
継続することで
勝手に探される
＝自動集客になる

③重要キーワード「20個」を決める

私の場合は、ペルソナさんが教室を選ぶときに特に気にしそうな項目を中心に、さらに拡大してキーワードを20個決めました。例えば天然酵母の種類や場所、エリア、教室での手法（機械こねなど）を中心に重要キーワードを設定します。

例えば天然酵母だと「白神こだま酵母・ホシノ酵母・あこ酵母・パネトーネ酵母」など。エリアは、横浜以外にも「綱島・川崎・鶴見」など、教室に通うためにアクセスしやすい主要駅などもマークします。

④関心キーワード「100個」を決める

お悩みごとや、調べたいことや関心事（機材、道具、オーブンなど）を中心に、前記のキーワードとの組み合わせで使います。

⑤ブログタイトルの考え方

①〜④の準備をした上で、キーワードを入れ込んでタイトルをつくります。

例えば、私のペルソナさんが興味を持つようにタイトルをつくると、こんなイメージになります。

【白神こだま酵母のパンづくり・やりがちな失敗3つと対応法・天然酵母パン教室横浜】

当時を思い出してタイトルを考えてみました。①〜④で準備したキーワードを入れ込みつつ、中級者が調べそうなお悩み内容をタイトルに入れ込んだものです。

また、業種や地域で調べる人も拾っていくイメージです。

そのタイトルにそって、私の場合は１５００文字レベルでブログを毎日書いていました。

◉同業者は嫌がるけれど、お客様が喜ぶことをやり続けた結果

ブログと連動してYouTubeでも同様の発信を続け、ＨＰに募集記事を掲載。１年間ブログを書き続けていたら、ブログや動画を見たお客様の中から、半年後くらいから、毎月一定数のお客様が集客しなくても普通に入ってくる状態をつくることができました

当時、長期的に戦略的なブログを書くことは、同業の先生たちは嫌がっていました。しかも、動画への抵抗感たるやものすごいものでした。

そこで「だったら私は……」とばかりに、動画の本数も多く出すようにしたのです。

結果として、キーワードで困りごとを探すと、ほぼ私のブログかYouTubeにたどり着

序章
第1章
第2章
第3章
第4章
第5章
第6章
終章

いて、「行くならこの先生のところしかない！」となり、申し込みが入る状況をつくることができました。

今だと教室の数がもっと多いので、成果を出すためには投稿量が必要だったり、期間が必要だったりするかもしれません。それでも、営業的な動きが嫌で、なるべくお客様から寄ってきてほしいと思うのであれば、やはり地道な努力をする。そうすれば、成果は出やすいと思います。特に、開業当初であればなおさらです。

集客をするブログを同じ書くなら、最初から書き方を知っておいて、ちゃんと書いていくほうがよいに決まっています。何も知らないで、ただ記事を書いている人と比較すると、1年、3年、5年と年数が積み上がっていけばいくほど、集客の成果の差がものすごく大きくなることは、想像できると思います。

勝手に探してもらえるのは、みなさんにとってもうれしいことですよね？

ただ、それを構築するには、当初は時間がかかってしまうという現実があります。営業いらずになることと、そのつど集客と営業を頑張ること。そのどちらを選択するかはお任せしますが、私個人としては、仕組みを構築してしまったほうが将来的にも時間が浮くので、やはり集客の自動化はお勧めしたいところです。

5 「感情営業術」のポイントは自動販売システムの構築

今までいくつかの事例とともに、「営業」という概念を変えていただくためのお話をしてきました。

特に大きなポイントはここです。

【売るのが嫌なら売らなくてよい。勝手に集まってもらえるようにする】

そのためには、「共感ストーリー」と「探されるような仕掛け」があらかじめ必要だということでした。

さて、本章の最後では、「営業を無くす」ポイントである「勝手に購入してもらえるシステム」において、もう1つ理解していただきたい「お客様に向き合う姿勢」についてお話ししたいと思います。

◉新規のお客様を集客することばかりに奔走していませんか？

集客ができていない方と初めて面談するときに、お話の中でいつも感じるのは「すでにお客様になってくださっている方」へのフォローが薄いなぁということです。端的に言うと「既存のお客様をそこまで大事にしていない」という印象なのです。

もちろん、その方にとっては、新規のお客様以上に気にかけている存在なのかもしれません。しかし、気持ちの面はともかく、行動の面ではどうなのでしょうか？

お話を伺う限りでは、たいていの方が新規のお客様に対してかける熱量に比べて、普段来てくださっているお客様にかける熱量は小さいようで……。そこまで熱く接客する話はあまり聞いたことがありません。

おそらく、不足する売り上げを埋めるためには「新規顧客獲得」しかないと勘違いしている方が多いからだと思います。

ところが、実際はそうではありません。既存のお客様の手厚いフォローから生まれる集客や売り上げもあるのです。それこそが「売り込みいらずで売れていく仕組み」にもつながるので、この点も併せて理解していただきたいのです。

◉事業の成功を支えるのは、あなたを大好きな熱狂するお客様

ここで１つの方程式をみなさんにご紹介します。

【売り上げ＝客数×客単価×リピート率】

これに具体的な数字を入れてみると、次のような計算式になります。

【客数１００人×客単価５０００円×リピート回数３回来店＝１５０万円】

この数字の中で、一般的な商品・サービスの売り上げを簡単に上げるなら、単価アップが一番早いと言われています。そして次がリピート率です。

もちろん、業界によってこれがそのまま当てはまらないケースもあります。例えば墓石の販売などは、本人のリピートはないですよね。親戚や縁者のつながりでのリピートということになります。しかしながら、既存のお客様からの再購入や紹介が、売り込みなしでものが売れていく最強の方法なのは間違いありません。

そして、もう1つの事例もあなたと共有したいと思います。

それは、新規獲得コストです。コストは手間や時間のことです。通常、新規獲得コストは、既存のお客様にもう1回商品を購入していただくよりも、5倍から10倍ハードルが高いと言われています。まず、認知をしていただかないといけないし、その後、信頼を得てようやく購入に至るからです。プロセスが多いのです。

さて、この2つの事例をご紹介した私の意図は、どこにあるのでしょうか?

それはつまり、「売り込みをなくしたければ、もっと既存のお客様を喜ばせよう」ということなのです。新規顧客獲得だけに目を向けるのではなく、すでにあなたのお客様になっている方をもっと大事にしていきましょう、というお話です。

◉既存のお客様を大事にする仕組み化のススメ

私はビジネスの成功の基準を、既存のお客様に長く愛され、細く長く商品を買ってもらえ、その方にたくさんの人に向けて商品のよさを紹介してもらえること、としています。

人によっては「口コミ営業」という言い方をするかもしれませんが、誰かを意図的に無理やり動かして紹介を強制する、なんていうことはできません。

では、人はどうすれば動いてくれるのか。あなた自身に置き換えて、どんなときに思わず紹介したり動いたりしてしまうのか？　ちょっと考えてみましょう。

――それは、あなたの期待値を大きく超えた感動のサービスを受けたとき、ではありませんか？

つまり「普通」では「普通」なので、印象にも記憶にも残りません。「ありがたい」＝「有り難い」と漢字で書きますが、「有るのが難しい」から印象に残るのです。

ご自身に問いかけてみましょう。


「感動する商品・サービスの提供ができていますか？」


新規のお客様は必要です。いつまでも既存の方があなたのところにいるとは限りませんから。ただ、その割合は、イメージ的には「既存7割：新規3割」くらいで回していくのがよいと、個人的には思っています。

だとすると、既存の7割がうまく回り続ける仕組みを考えることさえできれば、そこまで「新規獲得！　集客！」って、あくせくしなくてもいいような気がしませんか？　新規

序章
第1章
第2章
第3章
第4章
第5章
第6章
終章

は3割のボリュームでよいのですから。

営業嫌いな人ほど「お客様が購入し続ける仕組みの自動化」をするべきだと私が思っているのは、こんな事情からなのです。

◉既存のお客様に喜びと楽しさを与え続ける場をつくる

では、実際に既存のお客様が長くいてくれて、喜んであなたとつながり続けてくれる場所は、どのようにつくればよいのでしょうか？

ズバリ結論から言うと、「コミュニティ」です。

やり方は何でもかまいません。オンラインサロンという形でも、月額会員制（サブスクリプション）という形でも、ライングループでも、「Facebookグループでも、メルマガでも何でもよいのです。

すでにご購入してくだったお客様と細く長くつながり、新商品が出たときにはいち早くご案内できる距離感。また、たまには既存のお客様だけを招いて行うイベントの開催など、すでにあなたとつながりがある方を大事にしてほしいのです。

つまり、一度売ったら終わり、という関係性のつくり方ではなく、長期的に「つながる」お付き合いができていると、タイミングさえ合えばご本人が再購入してくださるし、場合によってはお知り合いの方をご紹介してくれます。

このような、いわば熱狂的なお客様があなたの周りに何人いるかということが、そのまま「営業いらず」の状況をつくり出す鍵になっていきます。営業嫌いな人ほど、この仕組みをしっかりと構築していただきたいのです。

◉翌月の売り上げ8割が、前月に確定している安定感

ちなみに私は、コンサルティングのサービスを月額会員制メインで運用していますが、月の売り上げの8割以上はこのサービスによるものです。ということは、前月には翌月の売り上げの8割がほぼ確定しているということです。

したがって不確定要素のチャレンジ目標は2割から3割のレベルで大丈夫なので、余裕を持って集客をしたり商品を売ったりできています。

もっと言うと、年間の目標売り上げの予測値も、7割〜8割が年の初めにはほぼ見えているということです。

だからこそ私は、毎年のように新しいことにチャレンジできるのです。万が一そのチャレンジが失敗したとしても、事業の根幹を大きく傾けるほどのダメージにはならないからです。

もちろん、集客的にもそこまで時間を取られないので、日々の発信は淡々と続けています。でも、それはあくまでもじっくりと私を見てもらって、信頼してもらって、サービスを受けたいと思う方が近寄ってきてくだされぱいい、くらいのライトな気持ちで行っています。ですから、集客も穏やかな形でできているのです。

このような状態も「売り込みなしのライトな営業」だと思いませんか?

そして、この仕組みは私がコンサルタントだからできているわけではありません。私のクライアントさんである教室業の先生方にも取り組んでもらっていて、できている方もちゃんといます。

ただ、残念なことにできていない方もいらっしゃって、その方たちの共通点としては次のようなことが挙げられます。

・仕組みを考えるのが面倒くさい
・既存のお客様とつながり続けるのが面倒くさい
・コミュニティを運営するアイデアを考え続けるのが面倒くさい

この方たちは、お客様と長期につながる方法を取らないという選択をされているので、単発狩猟的に集客を頑張り続けるしかないな、と思います。

営業いらずにできるなら楽だ、ということは想像できると思いますが、それなりに準備の時間はかかることもあらかじめお伝えしておきます。

ただ、その準備に時間をかけても余りあるメリットがあるので、「集客と営業の自動化」はぜひともお伝えしたい基本の考え方なのです。

04

勝手に申し込みが
入り続ける最強の
「自動販売機（ＬＰ）」を
つくる

CHAPTER4

自動集客の仕組みづくり
構築実践編
営業の「自動販売機」

自動集客の仕組みづくり構築実践編　営業の「自動販売機」

1　勝手に申し込みが入り続ける最強の「自動販売機（LP）」をつくる

営業の「自動販売機」とも言える、申し込みが勝手に入ってくるような「お申し込みページ（LP＝ランディングページ）」をつくるためには、いくつかのポイントを押さえる必要があります。私自身も昔からよく活用している、マーケッターの神田昌典さんが提唱する「新・PASONAの法則」をベースに解説していこうと思います。

特に起業間もない方は、このLPの出来があまりよくないために、お客様からの申し込みが入っていないケースが多々あります。お客様を取りこぼさないように、しっかりと自分の商品・サービスの価値を伝えていきましょう。

①自分たちが語りかけるべき人を明確にする

ビジネスを展開していく上で一番大切なことは、あなたの商品やサービスを必要としている人、つまり「語りかけるべき人」が誰なのかを明確にすることです。自分の商品やサービスが解決すべき問題は何か、その問題を抱える人はどんな人かを理解しましょう。

②商品やサービスの魅力を明確に伝える

商品やサービスがどんな困りごとを解消し、どんな喜びをもたらすのかを伝えることが重要です。お客様の声や実績を活用すると、より説得力が増します。

③わかりやすいデザインにする

情報がたくさん詰まっていても、それが難解だとお客様は逃げてしまいます。だからこそ、お客様が必要としている情報がすぐにわかり、次に何をすべきかが明確に理解できるようなＷＥＢページのデザインにしましょう。

④お客様が行動するきっかけをつくる

お客様に何をしてほしいのか、その行動のきっかけをつくる言葉が重要です。これが「お申し込みボタン」や、「詳細を見るボタン」になります。それを明確に示し、お客様が行動しやすいような環境をつくりましょう。

では具体的に、法則に合わせて内容を解説していきます。

◉「新・PASONAの法則」で「お申し込みページ」をつくっていく

これらの要素を大切にしながら、あなた自身のビジネスに合わせてページを作成していくと、見た人がその瞬間に「欲しい！」と思って購入してくれる、「営業いらず」の自動販売機になっていきます。

①【Problem：問題】
ユーザーが抱えている悩みや欲求を提起

②【Affinity：親近感】
問題の中身を掘り下げつつユーザーに共感し、親近感を誘う

③【Solution：解決策】
問題を解決できる具体的方法を提示する

④【Offer：提案】
解決策を導入してもらうための提案をする（無料お試しなど）

⑤【Narrowing Down：絞込】
限定期間を絞り込み、今すぐ購買すべき理由を示す

⑥【Action：行動】
行動してもらうように呼びかける

新 PASONA の法則

2 「営業の自動化」は「集客の自動化」とイコールになる!?

「営業の自動化」と「集客の自動化」とは、違うようでもあり似ているようでもある言葉です。私なりのイメージも併せて、この2つをどのように考えればよいのかをお伝えします。

まず「営業の自動化」は、商品やサービスを売る過程を、より自動的・効率的にすることを目指します。この場合、自動化が求められるのは、お客様とのやり取りや見積もりの作成、契約の管理など、売るためのいろいろな作業です。

一方「集客の自動化」は、お客様に商品やサービスを知ってもらい、興味を持ってもらうところからはじまり、最終的に商品やサービスを手に入れてもらうまでの一連の流れを自動化することを目指します。具体的には、広告やメールを使った情報発信、SNSでの活動などで役立つ情報を提供し、興味を惹くなどの取り組みがあります。

この2つの作業は、それぞれ違う部分を手掛けながらも、どちらもより効率的に、あなたを楽に、そしてお客様も喜んで申し込みをしてくれるようにするものです。

つまり、「営業と集客を一貫する形」で設計したほうがよいということ。その究極の形が「勝手に探され、勝手に読まれ、勝手に申し込みが入るLP（ランディングページ）」なのです。

◉究極の「お申し込みページ」は、「集客」もできて「成約」もできる

では、「営業と集客を一貫する形」のLPのメカニズムについて解説していきます。

お客様の「悩み」や「欲求」を深く理解し、あなたの商品やサービスがそれにどう応えられるのか、具体的にページにうたいます。すると、何らかの解決策を探している人は、その具体的なキーワードからページにたどり着くことができるのです。

そして書かれている内容が、その人の求めていたサービスであり、かつ提供されるものがすべて明確に書かれていたとしたら？　さらに金額も、その人の思うリーズナブルなものだったとしたら？

——この状態になれば、あとは最高にワクワクするLPにたどり着いてもらうこと。そうすれば、ほぼ「成約」は確定します。

つまり集客も成約も1枚のページで完結することができる。これが、私が提唱している「集客もできて成約もできるLP」なのです。

「売り込み」が嫌いな人ほど、しっかりと自分の思いを表現できる「究極のLP」をつくる必要があることを、理解していただけたでしょうか。

ただし、あらかじめ理解しておかなくてはならないのは、このページづくりはそれなりに手間がかかるということ。なぜなら、1つのページで集客も成約もこなす万能のページだからです。それでも、この1枚をしっかりとつくることができたなら、そのもたらしてくれる利益は絶大です。

特に高額商品であればあるほど、このページをしっかりつくり込みましょう。そうしてたくさんの人に支持されることで、1枚のページが数百万円から数千万円の売り上げをつくり出すことになるのです。

3 営業の概念が180度変わる「新・営業成約の心理」とは

『営業とは、商品やサービスを「どうにかして売り込む」こと。』

──そんなイメージを持っていた人はかなり多いのではないでしょうか。

しかしここまで、「売り込み」とは逆の「お客様から寄ってきてもらう」という仕掛けをつくることを中心にお話ししてきました。

しかも、既存のお客様へのメンテナンスやフォローをしっかりすることで、次の成約につなげるというアナログ的な考え方もお伝えしてきたつもりです。

これは、WEBが当たり前、AIが回答を出すのが当たり前の世界になったからこそ、人間が持ちうる感情へのアプローチこそが、逆に営業せずに商品の売れ行きが決まっていく大きな鍵になりうるのです。

これからの営業は「売り込む」のではなく、「引き寄せる」ことが重要ポイントとなると思っていただいてよいでしょう。それが「新・営業成約の心理」の根幹なのです。


まず大事なのは、お客様の「感情」に働きかけることです。ですから、商品そのものを売るというよりも、その商品によってお客様が受け取るであろう、ワクワクする未来を提供することが重要なのです。

お客様自身が自分に必要なもの、欲しいものを自覚し、「これだ！」と感じる瞬間をつくり出すこと。つまり、お客様自身が自覚できるように、楽しい提案やプレゼンテーションができること。そのためのWEBページがLPです。

「あなたから買いたい！」という言葉が引き出せれば合格です。

ほかの人からではなく、同じ商品であっても「あなたから買いたい」と思わせることがポイントになります。

このようなアプローチをすることで、「売り込む」のではなく「引き寄せる」営業が可能となります。お客様が自ら進んであなたのもとへ来るため、売り込みのストレスや抵抗感もなく、スムーズに成約につながる可能性が高まるのです。

◉体験会を活用することでも成約率が高まる

教室などの場合は、体験会のような「お試し」を活用するのも有効です。

ちなみに私も、以前に開いていたパン教室で体験会を導入していました。ただし重要なのは「コースでの契約」のお試しミニ版という形だったことです。「コースレッスンに興味がある人だけを集める」という狙いがあったのです。

つまり「コースレッスンを検討している人だけが来る」という前提なので、パン教室の終わりには当たり前のようにコースレッスンの説明もしますし、いつからスタートしたいかという要望も普通に聞くことができたので、成約率は100%に近い状態でした。

このように、体験会を企画するにあたっての大事なポイントは、「成約に近い人だけを体験会に呼ぶ」ということ。例えば私のようなケースでは、募集告知文章には「コースレッスンを検討している方のための体験会です」と明記しておく必要があります。こうして成約に近い人を最初から引き寄せておけば、効率が断然よくなるのです。

「欲しい人に来てもらう」という考え方を最初から取り入れて募集文章を書くことで、その文章だけで成約してしまうこともありえます。あなたはストレスなく、集客も成約も手に入れることができるのです。これが「成約から設計する集客をする」という考え方です。

この新しい営業の形、「引き寄せの営業」の思考があれば、今までとは違ったビジネスの可能性の扉が開きます。

この考え方を理解して実践することで、あなたも「引き寄せの営業」ができるようになっていきます。まずは、「成約から集客を設計する」ということをやってみてください。営業という概念が楽になることを、驚くほど実感できると思います。

4 感情で思わず買ってしまう！　売れるＬＰに必要な５つのポイント

「新・ＰＡＳＯＮＡの法則」は理解したものの、実際にお客様の心が動くポイントを外してしまったのでは、最後までページを読んでもらえません。ページを読む際のお客様の気持ちを理解した上で、注力すべきポイントについてお話ししていきましょう。

①ファーストビュー

ＷＥＢサイトを訪問した際に、最初に目にする最重要箇所です。

特にその一番上に張りつけてある大きな画像。これを見ただけで、そのサイトがどんなサイトなのか、見た人にどのように役立つのかが、まさに一発でわかるキャッチーでインパクトのある画像でなければなりません。

この１枚でページを閉じられてしまう可能性もある最重要ポイントですので、プロの力を借りてでもしっかりとつくり込みたいところです。

②共感のストーリー

ここもやはり大事な箇所で、見た人があなたの話に共感する、あるいはあなたのことを、自分の悩みをしっかり聞いて解決してくれそうな人だと印象づける重要なパートです。

私がこの部分を添削していて感じることは、みなさんの「自己開示」が少ない、という点です。お客様の未来を訴えるのはもちろんなのですが、ご自身の思いをしっかりと伝えることはもっと大事です。あなたの文章を読むにあたっての、あなたに対する信頼感が全然違ってくるのです。

③メリットよりもベネフィット

お客様に商品のよさを伝える上で、「メリット」ばかりを強調する人も多くいます。しかし、売れるLPにするためには、「メリット」だけではなく「ベネフィット」をしっかりと伝える必要があるのです。

ここであらためて、メリットとベネフィットの違いを説明しておきます。

●メリットは、商品やサービスそのものの特徴や売りの部分のこと。つまり、機能的価値のことを指します。
●ベネフィットは、顧客が商品やサービスを購入した際に得られる利益のこと。
ただしここでは、商品やサービスを購入したあとに訪れる「満足感」「充実感」「快適感」といった「恩恵」的なものを主として考えます。

具体的な商品を例にして解説してみましょう。

例えばドライヤーという商品は、商品機能としては「髪を乾かす電化製品」です。
しかし、女性が「エステ感覚で使う」というシーンを想定すると、以下のような内容でこの商品のメリットとベネフィットを伝えることができます。

エステ感覚のドライヤーのメリットとベネフィット

●メリット

a．**高速乾燥**：高品質のドライヤーは、髪を素早く乾燥させることができます。これは時間を節約するだけでなく、髪へのダメージを最小限に抑えることができます。

b．**温度調節**：多くのドライヤーには温度調節機能があります。これにより、髪の状態や個々のニーズに合わせて温度を調節することができます。

c．**イオン機能**：イオン機能つきのドライヤーは、髪を滑らかで光沢のあるものにし、静電気を防ぐことができます。

●ベネフィット

a．**サロン品質の仕上がり**：ドライヤーを使用すると、自宅でサロン品質のヘアスタイルをつくることができます。これにより、自信を持って一日を過ごすことができます。

b．**快適な使用感**：高品質のドライヤーは使用感がよいので、髪を乾燥させるプロセスが楽しくてリラックスできるものになります。日々の作業をエステ感覚で楽しむことができるのです。

c・**髪の健康**：適切な温度設定とイオン機能により、髪の健康を維持し、ダメージを最小限に抑えることができます。長期的に見て髪の美しさと健康を保つことにつながります。

みなさんのLPを添削していると、メリット止まりになっていることが多く、惜しい感じです。もう一歩踏み込んでベネフィットまで伝えることができると、ぐっと心が動くようになります。

④事例とお客様の声

安心できる実証と実績とお客様の声があると、商品は売れやすくなります。

もちろん、新商品や世の中にない商品だと、声はまだ存在しません。そんな状況で使うのが「モニター価格」です。商品を試していただき、声をいただく、その代わりに安く提供するというものです。

このときに注意したいのは、モニターには、その後も呼びたい理想のお客様像に近い人になってもらう、という点です。つまり、ただ人数が多ければいいというものではない、ということなのです。

例えば、50代の女性の悩みを解決する商品にもかかわらず20代から30代前半の女性の声を集めたのでは、そのモニター結果はあまりしっくりこないでしょう。もちろん、年齢だけで区切る商品ばかりではありませんが……。

自分で商品を説明するよりも、お客様の声のほうがインパクトは絶大です。場合によってはお客様の声をそのままキャッチコピーにすることで、一気に集客力がアップすることもあるくらいです。

それほどのインパクトがあるお客様の声。ここはしっかり集めていきましょう。

⑤「今」買わなくてはいけない理由

どんな商品でも、お客様それぞれの購入したいタイミングというものがあります。もちろん、圧倒的な性能の商品で、昔からお客様が探し求めていたものであれば、何の躊躇もなく買われるでしょう。

しかし、たいていのお客様は自身の購入のタイミングを、商品の価値と価格のバランスで計ります。この感情バランスを崩すことができる説得材料が、「今、買わなくてはいけない理由」です。

ただし、誤解しないでいただきたいのは「あおってでも売りなさい」ということではないという点です。

期間限定性や季節性、希少性などいろいろとあると思いますが、何かしらの理由づけをしておくほうが「今」買われる可能性が高くなります。「今」じゃなくてもよい商品は、検討の上あと回しにされる傾向が高く、あと回しにされるとどうなるかと言うと、たいてい忘れられます。

ですから、ページを見たときが一期一会。このときに一気に感情が動くようにページの内容を整えておくことが必要です。

以上が、売れるＬＰに必要な５つのポイントです。細かいことを言い出せば際限なくたくさん出てきてしまうので、最低限、まずはこの５つを押さえておいてください。

売れるLPに必要な５つのポイント

①ファーストビュー
②共感のストーリー
③メリットよりもベネフィット
④事例とお客様の声
⑤「今」買わなくてはいけない理由

↓

売れるLP＝自動集客のための販売枠

売りこみしない営業を実現するための
必須のWEBページ（LP）
www

八方美人のほうが成約率は低くなる!? わがまま営業のススメ

05

CHAPTER5

営業活動の邪魔をする「マインドブロック」解除法

営業活動の邪魔をする「マインドブロック」解除法

1 八方美人のほうが成約率は低くなる!? わがまま営業のススメ

コンサルティングの現場でセッションを行っていると、商品の特徴をしっかり伝えるために「ペルソナ（一番お付き合いしたい理想のお客様像）」を絞るようにアドバイスするシーンが頻繁に出てきます。

こんなときに相手の方からよく発せられるのが「そんなに絞ってしまうとお客様がいなくなってしまいます」というコメントです。

その危惧もよくわかるのですが、このようなコメントが出てくる方に限って、エリアでの競合、設定したお客様年齢層、人物をライフスタイルで区別したおおよその人口などのデータを把握していないケースが多いのです。

もちろん、しっかりした統計データでなくてもかまいません。ご自身のSNSなどでのアンケートや、リアルセミナーなどで得た肌感覚でもかまわないのです。そういう根拠すら持たずに、単に雰囲気だけで「お客様が減ってしまいそう」と疑心暗鬼になって、むやみに客を増やそうと全方向に発信しても、十中八九うまくいきません。

なぜ、うまくいかないと思いますか？

――答えは、お客様が「自分に向けた情報だと認識してくれないから」です。

◉個人事業主レベルでの営業展開は、お客様をしっかりと定める

大企業であれば、年齢や性別などにとらわれず、幅広い広告展開で販売を企図していくことが可能です。しかし個人事業主レベルでは、そこまでの広告費を捻出するのはかなり厳しいのが実情だと思います。そうなると、ある程度お客様像を絞らないと、発信がお客様の手元にそもそも届かないという事態に陥ります。

「売れないと困る」と思ってお客様像を広げれば広げるほど、発信力が薄まって伝わらなくなってしまうのです。

つまりは、逆効果ですね。

よく考えてみてほしいのですが、あなたのキャパシティで、１か月で何名のお客様を引

き受けることが可能ですか？

もちろん、サービス業と物販とでは扱いが違う部分もあります。それでもまず、自分は何人くらいのお客様と付き合いたいかを決めておけば、身の丈に合った集客ができるはずです。

つまり、1万人の薄いフォロワーよりも、100人の濃いファンのほうがよいのです。ちなみに、私もどちらかというと「濃いお客様」と付き合う戦略を基本路線として選んでいます。

例えば、私のリアルのコンサルティングを受けていただける1か月あたりの最大人数は50名までです。ということは、ある程度売り上げを確保したければ単価が高くなっていきます。

もちろん、少ない人数との濃い付き合いで売り上げを確保するのか、多くの人数に低単価で広く認知してもらい、売り上げを確保するのか。そのどちらでも、好きなほうを選ぶことはできます。ただ私としては、個人事業主はやらなくてはいけないことが多すぎるので、時間という貴重な資源を効果的に使うなら、やはり少人数相手で高単価路線のほうがよいのではないかと思っています。

◉「付き合いたい人とだけ」ピンポントで付き合えば成約率がアップ

八方美人的に誰でも彼でも、というメッセージでは、誰にも伝わりません。ということは、やはりコアな人たちへメッセージが届くほうが成約率は上がるのです。

成約率が高いほうが利益にそのまま直結するので、個人が意識しなくてはいけないのは、集客量よりも成約率です。そのためには絞り込みが必要です。

そして、もう1つ大切なこと。

それは、未来のお客様にこちらを振り向いていただく必要があることです。

ただ、だからと言って、こちらが媚びを売って低姿勢で商品やサービスを紹介する必要はありません。ある意味「わがまま」でもいいくらいだと思うこともあります。

あまりにもお客様を意識しすぎて、過度にサービスしたり過度に値引きをしたりして疲れて廃業してしまうくらいなら、「付き合いたい人とだけ付き合う」と割り切る。そうすれば、大事な人たちにだけサービスを提供できます。

そのほうが、結果的に濃い信頼関係を結ぶことができるのです。

全員に好かれる必要は全くありません。振り向いてほしい人だけにきちんと振り向いてもらう。そしてその人が「欲しい」と思ってくれて、実際に購入していただけたら全力でサポートして、またリピートしてもらえるようにすればよいだけです。

営業疲れの人は、こちらからガツガツ営業するのではなく、相手に寄ってきてもらえるような仕組みを一生懸命考えましょう。そちらに労力を使うほうが、よほど理にかなっていると思いませんか?

ちなみに、私を含めてうちのクライアントさんの中でうまくいっている人は、売り込みというよりも、お客様に寄ってきてもらって自然と成約しているケースが多いですね。

2 嫌なお客様が近寄りにくくなるマインドのつくり方

誰しも、何かしら「嫌な人」というのはいるものです。

もちろん、私にだって「嫌な人」「苦手な人」はいます。それをどのように感情的に受け流しているかは別として、実務上「嫌なお客様」が自分に寄ってこないようにする方法を、ここではお伝えしたいと思います。

「嫌な人に寄ってきてほしくない」と思うなら、そのことをちゃんとあらかじめ伝える、ということがポイントです。

「え？　そんなこと言えるわけないじゃないですか!?」と思うかもしれませんが、まずは落ち着いて聞いてください。

これは、私も実際に体験してみて実践しているやり方なので、よかったらあなたも試してみてください。驚くほど効果絶大です。

◉自分が理想としないお客様に申し込みしてほしくないなら……

嫌なお客様と付き合いたくないとあなたが思うなら、まず、その人の人間像、性格を一度全部書き出してみてください。何個でもかまいません。「この人は嫌」「お客様として付き合いたくない」と思う人を思い浮かべて、何個でもよいので書き尽くします。

おそらく、理想とする「来てほしいお客様」と同じくらいの数になってしまうかもしれませんね。でもかまいません。スタートとしては、まずは自分がどんな人と付き合いたくてどんな人と付き合いたくないかを理解する必要があるのです。

そして、次です。

この人には「申し込みしてほしくない！」と思うなら、言葉を変換して、募集告知文章に書き加えます。

以下に私の募集ページの言葉の変換実例をお見せしますので、参考にしてください。

「何でもすぐにあきらめてしまう人」は講座に入ってほしくないと思った場合は、このように記載してあります。

★この講座をオススメできない方
〈新しいことにチャレンジする意欲が弱い方〉

今回の講座はおそらく、初めて経験する内容や操作がとても多いと思います。

初めてのことでも、「頑張る！」という気持ちがあれば、こちらも200％サポートさせていただきますが、「与えてもらうこと」が当たり前だと思う方にはこの講座は向かないと思います。自ら主体的に学び実践するスタイルで講座を組んでおります。

その旨ご理解賜りますようお願いいたします。


この文章は、私のWEB集客実践講座の募集告知文章に実際に書いてある言葉です。人によっては「きついな～」と感じるかもしれません。

もちろん、コンサルタントによっては「誰でも全員で一緒に頑張りましょう！」というスタンスを取る方もいらっしゃいます。

しかしながら、私の基本の営業方針は「少人数、高単価」でじっくりお一人ずつに向かい合うというものなので、初期の段階で、こちらも一緒に学べる人を選ばせていただいているのです。

これって傲慢でしょうか？

この文章を読んで「私には無理」と思う人は、申し込みはもちろん、おそらく問い合わせもしないと思います。

それに対して、「本気で頑張りたい！」と思い、私の発信内容に共感してくれる人なら読み飛ばすくらいの、大したことのない内容になっているかと思います。

つまり、私はお互いに最大のパフォーマンスが出せるように、「相性のよい人」が集まるように、最初の申し込み受付の集客文章の中にも「理想とする人・理想としない人」をはっきりと打ち出しているのです。

だから、やる気のある人や頑張る人だけが申し込みをしてくれます。

◉あなたのスタンスはあなたが決めてよい

前述の事例は、あくまでも私の事例です。

あなたのスタンスはあなたが決めてください。もっとたくさんの人を緩やかに集めたいなら、その雰囲気にふさわしい言葉を選んで書けばよいだけです。

つまり、自分が望まない人がなぜかたくさん集まってくるという人の場合は、おおよそ募集文章に問題がある場合が多いのです。誰に来てほしいのかを明確に書いておけば理想とする人たちは集まりますし、逆に嫌なタイプの人は寄ってきません。

この手法を取れば、楽しい人とだけ仕事をすることができますし、成約率も上がり、お客様の成果も出やすくなります。引き寄せたくない人は引き寄せないと決めて、外に向かってきちんと伝えることがマインドセットのスタートになります。

嫌な人をうまく断れないという人は、最初から付き合わないというスタンスを取る。こちらをヒントにしてみてください。

3 値段がなかなか言えない人のための成約テクニック

「○○円です」と商品・サービスの値段を伝える瞬間は、営業が苦手の人にとっては特に緊張するシーンの一つではないでしょうか？

- **ここで断られたら、せっかく話が盛り上がってきたのにもったいない**
- **この値段を言って高いと言われたら、どうやって切り返そうか**
- **値段を言った瞬間に機嫌が悪くなったらどうしよう……**

このようにさまざまな思惑が心の中で渦巻き、ぐるぐると駆け巡るかもしれません。
さあ、こんなときはどうすれば、うまく値段を伝えて、しかも成約することができるのでしょうか？

私が実際に行っている「値段の伝え方」をご紹介したいと思います。

◉値段は聞かれるまで言わない

すでに申し込みページなどで値段を提示しているような場合は、お客様は「値段をわかった上で」問い合わせをしてくるので、そこまで緊張することはないと思います。

問題は、お話をしながら、お客様の状況と内容によって値段が変わっていく場合です。

例えば私のコンサルティングの場合、その方に合わせてオプション的なメニューをご案内することもあるので、大まかに軸になる価格はあるけれど組み合わせによって値段が変わります。

私のようなケースもあれば、一律固定的に決まっているものとして値段を提示するケースもあると思います。

その2パターンについてご説明します。

①その人に合わせて価格が変動する場合

この場合、まず「価値が価格を上回る」状態にならないと感情的に購買意欲が湧かないため、先に「価値」を伝えます。価値を伝えるためには、「聴く」を中心にしてお客様が何に悩んでいて（または何を欲していて）、それが自分の商品・サービスでどのように解決できるのかをきちんと説明します。しかも、単純に「機能」を説明するだけではダメです。ポイントは、お客様がワクワクする未来の姿をしっかりと語ることです。

そして、自分の未来のイメージができたときに初めて「それはおいくらになるのですか？」と、お客様は値段を知りたくなるのです。

そこに至ってようやく「価格」を伝えます。お客様が興味を持って、欲しいと思ったときに価格の検討に入るわけです。それまでは価格を伝えません。

つまり、聞かれるまでは答えない。「そんなことをしたら成約しないのでは？」と思うかもしれませんが、興味がない段階で価格を提示しても、どのみち成約はしません。

本当に欲しければ、必ず相手から値段を聞かれます。これこそが値段を伝えるタイミング。そのときまでは説明しているだけでよいのです。

②すでに価格が決まっているものを伝える場合

申し込みページなどにすでに記載してあるものを説明するだけ、というシーンもあるかと思います。しかしこの場合でも、「価値」を先に伝えることには変わりありません。

そしてお客様がいよいよ本気になって、「買いたい！」となったその瞬間に「確認」レベルで、すでに提示している価格をさらっと説明することになります。

このときのポイントは、「十分に説明し尽くして、納得している状態」にお客様がなっていること。その上での価格提示であることです。

その際、あなた自身が「高いと思われるんじゃないか」とか、「やっぱり買わないんじゃないか」といった心配をする必要はありません。

なぜなら、十分納得していると思えた瞬間に価格を見せるだけだからです。

◉価格の提示の瞬間は、自分への自信がそのまま表れる

繰り返しになりますが、価格提示の前までの段階でお客様の気持ちが上がり切っている必要があり、それがわかっているからこそ「決まるのは当然」というクールな感覚で価格提示ができます。

逆に、価格提示の瞬間に躊躇したりするとお客様が優位に立ちますし、お客様が購入を迷ってしまいます。価格の提示はあくまでも事務的に、ドライに行いましょう。もちろん、お客様の気持ちが見えない、または自分自身が「まだ決まりではないな」と思うのであれ

ば、価格の話はしなくて大丈夫です。

さあ、お客様が内容をすべて納得し切った上での価格提示です。しっかりと金額を確認してもらい、堂々と契約に関するご案内をしましょう。

なお、このときのお客様の選択は１択です。

つまり「イエス」しかない状態での打診なのです。

ところで、自身の気持ちがあいまいだったりあやふやだったりという状態は、まだ価格提示や契約を申し出るタイミングではありません。ところが、価格に自信がない人ほど説明もそこそこに、お客様の合意もないのに価格や契約の話をはじめてしまい、さっさと契約を固めようとします。だから余計に決まらなくなります。

価格の提示と契約は、お客様に価値を伝え切って、相手から「いくらですか？」と聞かれたときに行えば十分です。そのくらいのタイミングでOKだと思っておいてください。

4　お客様が喜び、リピートされる「よい損」のメカニズム

「赤字」というのは、ビジネスの視点から言えば、誰もが積極的に喜んで設定するもの

ではありません。つまりそれは、自身が「損」を被ることになるからです。

ところが、この損には「悪い損」と「よい損」があると私は思っています。特に「よい損」の場合にはお客様の心を動かし、リピートにつながる可能性があるのです。

この項では、「よい損」はどういうもので、それをどう活用すべきかをお伝えしていきたいと思います。

◉「悪い損」と「よい損」の違いとは

この違いは、ごく簡単に言うと、喜んでいる人がいるかどうか、です。

例えば「悪い損」は、次のような誰も喜びを感じていない状態です。さらに収益も悪いのですから、いいところなしですね。

- **商品の値段を不本意に安くせざるをえない**
- **お客様もさほど喜んでいない**
- **自分もあまりうれしくない**

一方の「よい損」は、このような状態です。

・一見すると安い価格で商品を提供しているため、お客様は喜んでいる
・安いお試しサンプルで信頼を得て、その後の本講座、さらにリピート購入につながる

この2つの損の違いを理解して「戦略的によい損を取りにいく」ということはあります。それがその後につながる可能性があるなら、それは「損」にはならないからです。時系列の違いがあるだけで、先に損をする、あとで利益を得るというのもよくある話です。結果として大きな形で申し込みが入るか、あるいは2回目、3回目とリピートが入るのか。いずれにしても、初回の「お試し」は大きな意味を持つことになります。

◉「戦略的に設定するよい損」の実例から学ぶ

では、「戦略的な損」とはどのようなケースを指すのでしょうか。

「戦略的な損」とは、最初から全体を設計して、その中に組み込まれた状態で生じるものです。例えば、何となく「無料サンプルプレゼント」というだけではダメなのです。

もしも無料サンプルをお客様に配るのであれば、その目的を明確にした上で配布する必要があります。

実例を挙げて解説していきます。

リピート戦略の成功事例で、「再春館製薬」という健康食品やサプリメントの製造・販売を行っている企業があります。有名なものとしては「ドモホルンリンクル」というスキンケア商品があり、新規客や興味を持っている人に対して、一部の製品やトライアルキットを無料で提供するフリー戦略（無料サンプル配布）を実施しています。

新規客や興味を持っている人が実際に製品を試すことで、その効果や品質を実感しやすくなり、リピート購入につながるという流れになっています。

当然、初期にサンプルの「トライアルキット」を無料で提供してしまうことは、経理的には赤字になります。しかし実際に試したことで納得して、その後も決まった額で長期的に商品を購入してもらえるのであれば、そこは黒字になっていきます。

どの時点でマイナスがゼロになり、黒字に転換していくのかという流れには、きちんとした計算根拠があるのです。その上で「無料（＝未来につながるよい損）」のキットをプレゼントしているのです。

私は、お客様も喜び、未来への売り上げに貢献できる一瞬の赤字は「よい損」であると定義づけています。

◉個人事業主も、しっかりとしたフリー戦略（よい損）を意識する

・「とりあえず、安くしておけば人は来るんじゃないか」

・「無料で商品を配れば、そのあとちゃんと商品を買ってくれるんじゃないか」

個人事業主として事業を行っている人には、このような期待値で安易に値引きをしたり、無料商品を配ったりするケースが多いという印象があります。

しかし、このやり方は「悪い損」になりがちです。

「損して得取る」という言葉もあるように、一時的に損したような状態であっても、最終的には大きな利益になるように「損」を設計しなければなりません。

全体の流れをしっかりとらえて、最初にこちらが損を取る。それによってお客様の喜びや信頼を得て、リピートで何度も購入していただく。そのほうが、結果的には大きな利益に結びつきます。

通常、損は気持ち的にも落ち込むものではありますが、「よい損」を意識できると、とらえ方が変わります。結果として、リピートがうまく回るようになるなら、営業いらずで売り上げが伸びていくようになるのです。

そして、営業が苦手な人こそ、リピートのルートを構築する必要があります。第3章でお伝えしましたが、新規のお客様の獲得コストは、既存のお客様の5倍から10倍とも言われているからです。

また、リピートをしてくれるお客様の多くは、獲得コストはゼロにもかかわらず、あなたの商品・サービスを愛してくれているはずです。お客様との関係性を深めることは、営業なしで売り上げが上がる最強の方法なのです。

そのスタートとしての「よい損」は積極的に取りにいきましょう。

5 断られたときに心が折れないマインドセットの方法

いよいよ話の最後、いざ契約というシーンで「断られる」のは、いかにも残念なことですよね。その結果、落ち込んでしまう気持ちもよくわかります。

さらに人によっては、「断られる苦々しい思いが嫌」だから、営業が嫌い、やりたくない、ということもあるでしょう。

ここでは、「断られた」ときにどのように対処すればよいのか、そのマインドセットをお伝えします。

◉断られることは「想定内」という心構えを持つ

私が尊敬する経営者、稲盛和夫氏の言葉です。

「楽観的に構想し、悲観的に計画し、楽観的に実行する」

この言葉こそ、心が折れないマインドセットの軸になる考え方だと私は思っているのです。

新しいことを成し遂げるには、まず「こうありたい」という夢と希望を持って、超楽観的に目標を設定することが何よりも大切です。

しかし、計画の段階では悲観的に構想を見つめ直し、起こりうるすべての問題を想定して対応策を慎重に考え尽くさなければなりません。

そうして実行段階においては、「必ずできる」という自信を持って、楽観的に明るく堂々と実行していく。そんなマインドを表している言葉なのです。

稲盛氏の名言を借りるなら、「断られたときに心が折れない準備」のためには、特に2番目の「悲観的に計画」することが必要不可欠だと言えます。

◉期待が大きすぎるから落胆する

クライアントさんとセッションをしているときに、プロモーションがうまくいかなくて落ち込んでいるという話もよく伺います。

そんなときに私がお伝えするのは、「なぜ、そんなに簡単にうまくいくと思ったの？」という疑問です。

先ほどの稲盛氏の言葉に当てはめると、1つのプロモーションが失敗して落ち込んでいる人の思考回路は、たいてい「楽観的に構想し、楽観的に実行する」となっています。

途中の「悲観的に計画する」という準備が抜けているのです。

つまり、悲観的に計画し準備するなら、うまくいかない＝断られる、ということも想定内になります。

想定していないから残念に思うし、落ち込むのです。ある意味、ゼロが当然、うまくいったらラッキーくらいの軽やかな気持ちでチャレンジするなら、1件断られるくらいどうということもない、という気持ちになれます。

実際に営業として現場を回っていた私の感覚からすると、断られるのも想定内、それほど大したことはないと、慣れてくるものです。

私の営業の経験をふり返ってみると、もちろん準備は入念にして提案をするのは大前提です。しかし、それでも成約に至るまではさまざまなプロセスがあり、自分と担当者だけではどうにもならない、相手の会社内の「大人の事情」で話がつぶれることもあります。

こんなときには落ち込んでいても仕方ないのです。次回以降、再チャレンジする機会があれば頑張ることを選んでもよし、気持ちを切り替えてほかの会社と付き合うべく営業をかけるのもよし、です。

⦿ゼロじゃないなら自分を褒める

仮に「断られた」としても、何も動いていない人に比べたら「ダメになった経験値」を

序章　第1章　第2章　第3章　第4章　第5章　第6章　終章

手に入れることができます。その経験を生かして次の機会に成約できれば、「失敗」と「成功」の2つの経験を手に入れることができるのです。

さらに、断られた経験値を重ねることで、成功への近道が見えるようになる確率も上がります。

だとすれば、ゼロじゃない自分を褒めることができると思いませんか？　何も動いていない人はゼロのままなのですから。

落ち込むよりも次を考える。同時に、頑張った自分を自分で褒める習慣があるとよいと思います。

ちなみに私の営業時代は、自分に都合がいいように考えていたので、そこまで落ち込むことは少なかったように思います。

例えば「高い」と言われたら、「この商品との相性がよくなかったんだな」と思ったり、上司のOKが出なかったと言われたら、「上司の方を説得できるほどの材料をお渡しできなかったから理解してもらえなかったのか」と考えたりしたものです。

感情を切り離した引いた目で反省をして、次回への対策を考えて動く。ある意味「断られる」のも「成約」も紙一重のレベルであることも、理解できていたと思います。

相手の要望をきちんと把握して、それに対して最大限に努力することはもちろん大切です。しかし、そのときには「成約する未来」しか見えていない状態で準備をしていきます。

まさに「楽観的に構想し」という状態です。

それでも、何かの事情で決まらないこともあるという心構えを持つ。それが「悲観的に計画」する部分です。そして最後は「楽観的に実行」です。軽やかに実践しましょう。

もしもダメならダメで、原因分析は必要ですが、自分が落ち込むことはありません。さらりとやり過ごすのがポイントです。

6 お金が苦手、営業が苦手という人に知っていてほしい「鏡の法則」

あなたは「鏡の法則」という言葉を聞いたことがあるでしょうか？

ここでは、「鏡の法則」と営業との関係を解説したいと思います。

まず「鏡の法則」とは何なのか、です。

もともとは心理学の用語である「鏡の法則」とは、現実を、自分の心を投影した「鏡」の世界であると見なす考え方です。

現実に起きる出来事は1つの「結果」です。「結果」には必ず「原因」があり、その原因はあなたの心の中にあるものとされます。つまり、あなたの人生の現実は、あなたの心を映し出した鏡だというお話です。

よく用いられる例えは、鏡の前で寝癖を直すとき、鏡の中の自分の髪を直すわけではない。自分自身の髪を直しさえすれば、鏡の中の自分の寝癖も直る、というもの。

つまり、鏡の中を直したければ自分を変えなければならない。翻って、相手を直したかったら自分自身を見つめ直さなければならない、というのです。

◉鏡の法則をお金と営業の関係に置き換えると……

では、この「鏡の法則」をお金と営業の関係に置き換えてみます。

ズバリ結論からお伝えします。

・お金が嫌いな人に、お金は寄ってこない

・営業が嫌いな人は、営業がうまくできない

お金を稼ぎたければ、お金のマインドブロックを外す必要があるし、営業が苦手なら、営業の苦手意識を外す必要があります。

お金と営業も、わりと似た領域の関係になっていると私は思っていて、お金にブロックがある人は、たいてい営業もできない場合が多いようです。

営業をすぐに好きになってくださいとは言いませんが、そもそも自分が嫌っているのであれば、お金も人も寄りつきにくい環境にあるということです。そこで頑張るのは、大変なことだと思いませんか？

鏡の法則とお金と営業の関係

序章
第1章
第2章
第3章
第4章
第5章
第6章
終章

私のおススメは、苦手という感情を手放すこと。それだけでも、かなり楽に営業（集客）ができるようになると思います。

さらに、そもそもの話を言ってしまうなら、「営業が好きか嫌いか」を意識しないくらいのほうが、営業はおそらくうまくいきます。自分で「嫌い」と自覚してしまうだけで、前に進む力が大きく削がれている可能性が高いからです。

7 売れないときに見直したい、自分につぶやく「○○の言葉」

売れていないときに落ち込むというのは、誰にでもあることです。
それでも、そんなときだからこそ、つぶやいてほしくない言葉があります。

「なんかうまくいく自信がありません」
「売れるかどうか不安です」
「売れるような気がしないのです」

このように、不安をそのまま言葉に出して私に伝えるクライアントさんがいらっしゃいます。

もちろん私はコンサルタントですから、その不安を受け止めて、打開策や改善策をアドバイスするのが役割です。ですから不安を訴えていただくのはかまわないのですが、なるべくその頻度を減らすよう意識してほしいと思っています。

なぜなら、こういうときにつぶやく「〇〇の言葉」は、「呪いの言葉」にも等しいからです。

◉言葉はそのまま自分の意識に刷り込まれる

使う言葉に気をつけなければならない理由は、それを一番近くで聞いているのが自分だからです。

うまくいかないときに無意識につぶやいてしまう言葉。その言葉には、あなたや周囲に影響を与える「暗示の力」があります。

そして、それは「呪い」にも等しいと、私は感じています。少し怖い言葉かもしれませんが、それくらいマイナスのインパクトがあると思うのです。

ネガティブな言葉を使う人は、マイナスになる暗示（呪い）を自分自身にかけています。逆に、ポジティブな言葉を使う人は、プラスになる暗示を自分自身にかけています。

さらに残念なことに、脳は「ネガティブなこと」のほうを、より強く実現しようと動いてしまうのです。考えてみるとイメージが湧くと思うのですが、前向きな気持ちよりも負の後ろ向きな気持ちのほうが強く心を支配しますよね？　だからこそ、ネガティブな言葉のほうが暗示の力は強いのだと思います。

◉謙遜の言葉の使い方は要注意

謙遜は美徳とされる風潮が日本にはありますが、謙遜も度を超すと悪いほうに現実化されてしまいます。

例えば「すごいですね！」と褒められたときに、謙遜する言葉を日ごろから使いがちな人は、習慣的に「いえいえ、私なんかまだまだ全然ダメで」と言ってしまいがちです。

これを脳が聞くと、「全然ダメな自分になりたいのだ」と勘違いします。そして、ダメな人になる現実をつくってしまいます。つまりあなたが言った言葉どおりに「ダメな人」

になっていくのです。

これって、怖くないですか？　ほぼ「呪いの言葉」ですよね。

だから私は、無意識に謙遜するクライアントさんや、無意識に悪い想像をそのまま口にしてしまう人には、その瞬間ごとにご注意申し上げています。

◎成功を望むなら、その実現を前提に宣言してしまうべし

私は「有言実行」をモットーにしているので、大きなことほど、みなさんに宣言してから実行するようにしています。なぜなら、そのほうが圧倒的に現実化の力が強いからです。

もちろん、みなさんから見られているという圧力もありますが、何より、私自身が自分に嘘をつきたくないという気持ちから必死に頑張るので、現実化するのだと思います。

例えば、本の出版をしたかったときのことですが、著者になったときのために、本を出してもいないのにプロに頼んで私のオリジナルサインをつくってもらっていました。実際に著者としてサインをするようになったのは、その2年後でしたが。

また、本の企画も通っていないのに「出版記念パーティ」をやると決めて、日付も決定して会場も実際に押さえてしまいました。会場によっては押さえた瞬間からキャンセルチャージがかかる場合もありますが、実際に使えば問題ないことなので、決めたら取ってしまいます。ちなみに、今までこの手法で6回以上パーティをやっていますが、すべて取った日付にはきちんと本も出版されていて、パーティも普通に開催できています。

私の目標現実化能力が高いのは、このように先に「口に出して言う」という、とてもシンプルなことを行動にしているからです。

できるかできないかはあまり関係なくて、スタート時点では「やりたいから言ってみる」というだけでいいと思うのです。

恥をかくから嫌だという人もいると思いますが、あなたの失敗を笑うことができる人は「あなた以上にその現実にチャレンジした人」だけだと、私は思っています。

つまり、私の出版パーティのチャレンジ失敗を笑うことができる人がいるとすれば、同じことにチャレンジして「成功したことがある人だけ」だと思っているので、そのようなネガティブな未来は考える必要がないことになります。

さらに言えば、「成功したことがある人」は、それがどれだけ大変なことだったかがわかっている人なので、そういう人があなたのチャレンジを笑うなんてことはないと思うのです。

いずれにせよ、口に出したことがかなってしまうなら、思いっ切りかなえたい未来のワクワクを口に出してみませんか？　言うのは「タダ」ですから。

そして何かにチャレンジするときには、不安な言葉完全排除。口に出すことはおろか、心に浮かべることすら不要だと思います。

営業も全く同じで、「売れる気がしない人」と「売れる気しかしない人」の違い。「が」と「しか」という、たったそれだけの違いですが、そのインパクトは全く逆の結果になるほどの大きなインパクトがあります。

どうか、マイナスの言葉を使う癖がある人は、意識してプラスの言葉を使うようにしてください。不安要素のある言葉を使わなくなっただけでも、仕事も人生も大きく変わったクライアントさんを何人も見てきた私が言うのだから、間違いありません。

8 営業の極意は、売ることではなく価値創造をすること

営業という仕事は、売ることではなく、必要な人に必要なモノ・情報を提供することであるとお伝えしてきました。

加えて言えば、営業は売り込みをすることだと勘違いしている人は、「価値創造」することを怠けていると思います。

価値創造する視点があれば、「売り込み」なんて言葉とは無縁だからです。欲しがられるはず、という前提があってこその商品設計なのです。

この商品設計の起点は、お客様への愛と思いやりです。

そんな気持ちでつくる商品が売り込みになるはずがありません。

つくったら、ただ見せるだけ。相手が欲しければ勝手に寄ってきてくれます。

このつくり込みをしっかりとすることで、結果として売り込み営業いらずの商品になるのです。

ただし誤解していただきたくないのは、「売り込み」はしなくてもいいけれど、欲しい人に「情報」は届けなくてはいけません。

そのためには、あなたが「誰に」「どの場所で」「どのように」伝えるのかをきちんと考えた上で、大量に発信しなければならないのです。

現代の人々は情報の洪水の中で生きています。そこで必要な情報だけをピンポイントで手に入れるのは至難の業でしょう。

つまり、「自分にとってメリットがある情報」だと簡単に気づいてくれない限り、お客様は情報に反応しません。「売り込み」の概念だけでは、せっかくの情報も届かないことになります。

こちらが「価値を先に創造して」その魅力を伝える形にすることで、お客様に興味を持ってもらい、自ら寄ってきてもらう。それこそが、今風の共感型営業スタイルだと私は思っています。

「商品を売り込む」から
「商品を見せるだけ」に
思考を変える

06

CHAPTER6

「営業しない営業スタイル」を構築する５つのポイント

「営業しない営業スタイル」を構築する5つのポイント

第5章まで、「嫌な営業はしたくない」というあなたの感情に寄り添う具体的な対応策をお伝えしてきました。

しかし、経営上、全く営業をしないというのは現実的に不可能です。であれば、営業という概念を変えて「売り込みスタイル」から「自然と集まってくる仕組み」をつくりましょう。そうすることで、押し売りすることなく成約を決めていくことができるようになる、というお話でした。

最終の本章では、「営業しない営業スタイル」をすぐに実践できるように、ポイントを5つに絞ってご紹介していきます。

ぜひこれらを実践して、「営業せずにお客様とつながる＝自動集客・成約」を目指してください。

1 「商品を売り込む」から「商品を見せるだけ」に思考を変える

みなさんがご存じの従来の営業スタイルは、商品を売ることを目的とし、お客様に対して積極的に営業活動を行うというのが一般的でした。

しかし、現代のお客様は情報にアクセスしやすくなり、自分が欲しい商品をネット検索で探す能力も高くなってきています。これにはWEBやAIの進化という点も、もちろん大きく関与しているでしょう。比較サイトも充実しているため、お客様自身で商品を見極められる能力も高まっているのです。

そのため、従来の「売り込み型」の営業では、顧客の興味を惹くことがだんだん難しくなってきています。このような時代背景も考慮して、従来型の売り込み営業スタイルから脱却し、「商品を見せるだけ」という視点に変える考え方をお勧めします。

つまり、お客様に対して積極的に商品を売り込むのではなく、商品の魅力や価値を的確に伝えることに重点を置き、お客様自身が自分から商品を欲しがるような状況をつくり出すのです。

●お客様のニーズ（目的）を理解する

まず、お客様のニーズ（目的）を正確に理解することが第一段階の出発点です。あなたのお客様が抱える問題や課題、そしてそれに対する欲求を理解することで、あなたの商品がどのような価値を提供できるのかを把握することができます。

ちなみに、「ニーズ」と混同しやすい言葉に「ウォンツ」があります。ここで、その違いを簡単に説明しておきます。

ニーズとウォンツの違いは、「目的と手段」の関係に置き換えるとわかりやすいと思います。

一般的に、困っていることを自覚しているお客様から最初に出てくる言葉は、「○○が欲しい」というものが多いでしょう。例えば「水が欲しい」

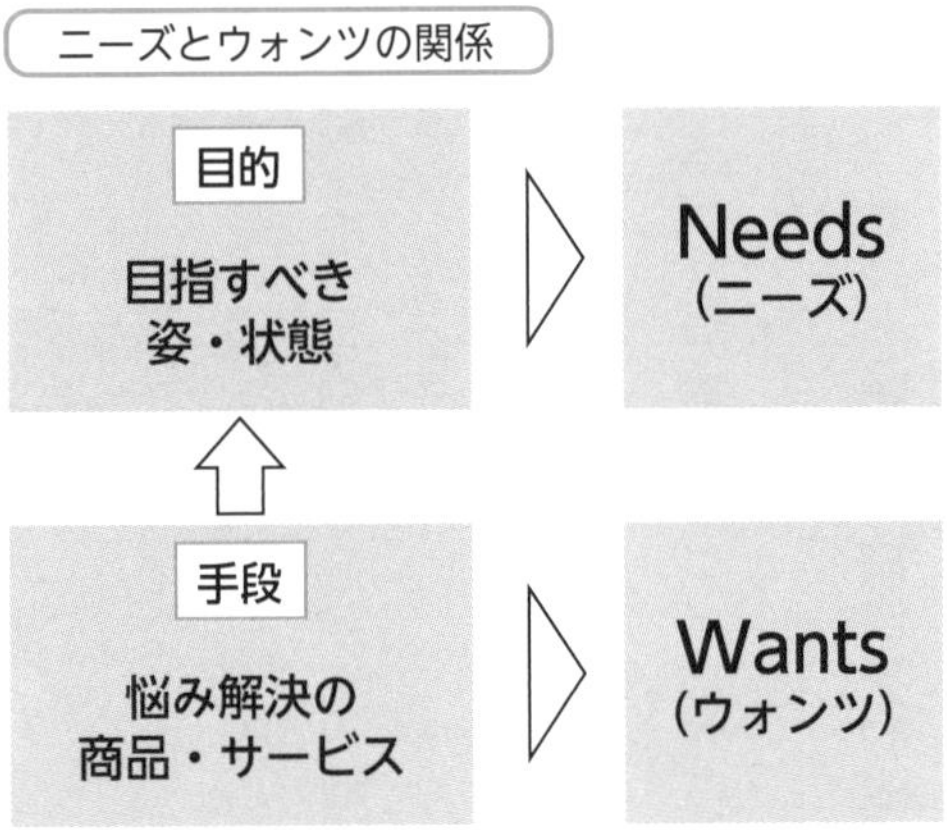

「パソコンが欲しい」などです。

これらは、多くの場合「ウォンツ＝手段」です。お客様は、すぐに意識しやすいウォンツ（手段）を言葉にし、「ニーズ＝目的」は言葉にしない場合が多いのです。

ウォンツはあくまでも手段ですから、お客様の本質的な欲求にアプローチしたいときには、あらためてニーズ（目的）に着目したマーケティングが求められます。

例えば、前述のとおり「水が欲しい」はウォンツ＝手段ですが、ニーズ＝目的は「のどが渇いているので、水でのどを潤したい」といったものになるでしょう。

同様に、「パソコンが欲しい」はウォンツ（手段）ですが、ニーズ（目的）は「手作業を効率化したい」なのかもしれませんし、「簡単に複製できる絵を描きたい」なのかもしれません。つまり、ウォンツを想定するなら、必ず「誰に」というポイントが外せないのです。

・ウォンツとは「手段」
・ニーズとは「目的」

したがって、「ウォンツ」のみならず「ニーズ」まで把握することが必要になるのです。

●お客様のニーズを理解するためのリサーチ方法

・客観的なデータ分析や市場調査を行い、お客様の行動や好みを把握する
・お客様との対話から、直接的な欲求を知る
・SNSなどで軽く発信してみて、読者の反応から本音を探る
・似たようなお客様属性を持つ、他社のWEBサイトを見てお客様の要望を把握する
・既存のお客様がいる場合には、直接アンケートなどを取り、ニーズを把握する

●あなたの商品の魅力をきちんと伝える

あなたの商品が持つ魅力や特徴を、的確に伝えることも重要です。ただ商品の特徴を列挙するだけではなく、お客様が商品を購入することで得られるメリットや、解決できる問題をわかりやすく示します。

●商品の魅力を的確に伝えるポイント

・お客様のニーズ（目的）に合わせた商品の利点を強調する
・商品の使用例や効果を具体的に示す
・商品に関連するストーリーを活用して、感情的な共感を促す

そして「感情営業術」における大きなポイントは、「お客様の感情が動き、自ら行動すること」に重点を置くことです。それが「お客様の主体性を尊重する」ことにつながります。

つまり、お客様が自ら選び、あなたのところに寄ってきてもらうという、以下に挙げるような設計をするということです。

・積極的な営業アプローチではなく、お客様の問い合わせや興味を尊重する
・商品の情報をオープンに公開し、お客様が自由にアクセスできる状態をつくり出す
・お客様のニーズ（目的）を先回りした解決策をＷＥＢサイトに記載しておき、お客様が自ら検索することでページにたどり着いてもらう

・興味があったお客様からの問い合わせに対して、すばやく丁寧に対応する

「商品を見せるだけ」の営業スタイルでは、お客様の主体性を尊重し、お客様自らの意思で商品を選ぶことを重視します。あなたは、お客様が無理なく商品を選べるように丁寧にWEBサイトをつくり込み、選ぶ際のストレスを与えずにさらっと購入してもらえるようにします。この考え方が「売り込み営業」からの転換の大切なポイントになります。

2 あなたの商品を欲しがるのはどんな人？ 買うタイミングは？

お客様が商品の購入を決定するという、まさにそのときのことを考えてみましょう。決定を促すには、お客様のニーズを正確に把握し、それに合ったタイミングでアプローチすることがとても重要です。この「タイミング」を見誤ったがゆえに商品が売れていない、というケースが、実は多く存在すると感じています。

この項では、あなたの商品を欲しがる人のことを理解し、その人が商品を欲しがるタイミングを想像する方法についてお伝えします。

●お客様のライフスタイルを明確に理解する

まず、あなたの商品が最も価値を提供できるお客様のライフスタイルを、明確に理解することが重要です。あなたの商品やサービスが、その人たちのニーズをどのように満たすのかを、まずは具体的に把握します。

この理解があればこそ、適切なタイミングで告知活動を行い、成約率を上げられるようになるのです。

このタイミングがずれると、結局、あなたが嫌いな「押し売り営業」に近くなってしまいます。なぜなら、「お客様が欲しいタイミングではないのに、商品を紹介される」からです。同じような内容の告知でも、欲しいタイミングであれば感謝されるのに、欲しくもないタイミングで提示されると「うっとうしい」と思われる……。お客様って、勝手ですよね（笑）。

ですからあなたは、お客様のライフスタイルを明確に理解し、ニーズを具体的に把握した上で、お客様の購買の「適切なタイミング」を感知しなければならないのです。場合によっては、「適切なタイミング」を教えて差し上げる必要も生じるかもしれませんね。

●お客様が欲しがるタイミングを想像する

次に、お客様のライフスタイルを理解することとも大いに関係のある、お客様が商品を欲しがるタイミングを想像してみましょう。

お客様というのは気まぐれで、商品へのニーズは常に変化していますので、売る側としてはよいタイミングを見極めることが必要になります。そしてこのタイミングを逃さず「心に刺さるお知らせ」を発信し、そこで感情が動けば、お客様は勝手に行動（購買）へと進みはじめるのです。

では、お客様が商品を欲しがるタイミングを、実際に想像してみましょう。

・季節行事、イベントなど、特定の時期に需要が高まる可能性のあるもの
・必要なもの（ニーズ）が増加する、ライフイベントやライフスタイルの変化
・競合他社の展開するキャンペーンやセール、新商品の発売など、市場全体の動向

以上のようなものがありますが、わかりやすいのはやはり季節行事です。みなさんのライフスタイルには季節行事が浸透しているので、典型的なものだと思います。それに、季節行事には理由がつけやすい。つまり、物語がつくりやすいのです。

いくつかの事例を、季節と合わせてご紹介します。

〈お正月の事例〉

◎おせち料理の販売

お正月には、伝統的なおせち料理を食べる習慣があります。料理店やスーパーマーケットでは、おせち料理の予約や販売が盛んに行われます。

さらに、この状態の応用形も考えてみます。例えば料理教室なら、「今年のおせちは自分の手づくりで準備してみませんか？」という呼びかけになるかもしれません。それが日本料理ではなくてイタリアンだったとしても、「いつもとは雰囲気の違うおせちをつくりませんか？　イタリアンおせち料理レッスン」とか言われると、新鮮に感じるかもしれません。

◎新春セール

お正月を迎えるにあたり、家具や家電、ファッションアイテムなどの販売店では、新春セールを実施することで需要を喚起します。新年に向けた特別なキャンペーンや割引を行い、お客様に喜んでもらえるような販売戦略を展開します。

さらに、応用形として私の事例をご紹介するなら、私のコンサルティングメニューを「お年玉キャンペーン」として、お正月の3日間だけ特別販売しています。これはもう恒例になっていて5年ほど続けていますが、毎年新しいお客様と出会うきっかけになるのと、高額なコンサルティングメニューが売れる目玉のイベントにもなっています。

〈新学期・入学の事例〉

◎学用品販売

新学期が始まる時期には、学生や保護者が文房具やカバン、学習教材などの学用品のニーズが高まります。書店や文具店では、新学期に向けたセールやキャンペーンを行い、入学準備をしているお客様をサポートします。

◎学習塾・家庭教師サービス

新学期に入ると、学習意欲を高めるために学習塾や家庭教師を利用する人が増えます。教育関連の企業は、新学期を前にしたキャンペーンや無料体験授業を実施し、新しい生徒を獲得します。

あなたの業種では、どのような展開ができそうですか？

事例のように、日本の季節行事は1年を通じて何かと開催されています。1か月に1回以上のレベルでイベントがあるのですから、そのタイミングを上手に使うだけでも、嫌がられずに告知することができます。

自分の業態には関係ないと思ったら、それ以上のアイデアが生まれません。私の仕事はコンサルティングですが、お年玉としてコンサルティングを販売しています。

つまり、「行事×商品・サービス×アイデア」でキャンペーンをつくり、タイミングよく告知することで「売り込みなしで売れていく」状況をつくりやすくなるのです。

楽天などの通販サイトの、季節を先取りした販売戦略はうまいなと思います。参考に見てみるのもよいですね。

●お客様に合わせた情報とコンテンツを提供する

あなたのお客様のニーズや、欲しいと思うタイミングを理解・想像できたら、その情報とコンテンツを提供することが大切です。

例えば、ＳＮＳやメルマガ、ウェブサイトのコンテンツなどを活用して、ターゲットに向けたメッセージを発信しましょう。もちろんこのときは、申し込みをしてほしい商品・サービスの内容がしっかりと記載された、魅力的なＬＰの存在が前提になります。

●お客様に合わせた情報提供のポイント

・お客様の関心や問題に的を絞ったコンテンツを提供する
・商品・サービスの特徴やメリットをわかりやすく伝える物語を活用する
・メールやＳＮＳのタイミングを考慮し、お客様に最も見てもらえるタイミングで情報を提供する

どんなによい商品でも「タイミング」がずれると売れません。日本ではクリスマスツリー

は12月には売れるけれど、それ以外の時期には売れません。

よい商品をつくったら、それを告知するタイミングを逃さない、または、もともと計画的に、「売れるタイミングで売る」ために準備をする。

それが、結果として、売り込みをせずに買われる重要なポイントになっていきます。

3　お客様の欲しがる商品を「売る」のではなく、物語で「伝える」

第6章1項・2項で商品を見せるタイミングについて解説してきましたが、この項では実際にその商品の魅力を伝えるときに必要なポイントをお話ししていきます。

買いたいものなら何でも手に入る時代です。しかも情報にあふれています。比較検討もしやすいこの現代において、「買い物」というものの位置づけも変わりつつあります。

つまり、必要最低限の機能を満たす買い物から、心の欲求を満たす買い物へ、消費者の心がシフトしてきているのです。

このような時代では、機能やスペックだけでは商品が選ばれにくくなってきています。

逆に、一見するとなんていうこともない商品でも、「物語」が共感を得られれば、その商品が飛ぶように売れることも多々あります。

以下、従来の「売る」スタイルから脱却し、商品を物語で「伝える」ことで自然と売れていくようにする仕組みをご紹介します。

●物語による感情的な共感の重要性

物語は人間の感情と深く結びついています。物語を聞くことで、共感や理解を促す神経伝達物質が脳内で活発になり、情報が記憶に残りやすくなります。

このような感情を味方につけたいなら、商品やブランドを、単なるデータやスペックだけで伝えていては難しいでしょう。物語を通じて、感情的な共感を生み出すことが重要になってくるのです。

●ストーリーテリングの活用

「ストーリーテリング」とは、伝えたい思いやコンセプトを、それを思い起こさせる印象的な体験談やエピソードなどの〝物語〟を引用することによって、聞き手に強く印象づける手法のことです。

ストーリーテリングは、商品やブランドの魅力を効果的に伝える手法の一つです。物語を通じて商品の背景やそれをつくっていく過程、お客様に提供できる価値を伝えることで、商品に対する興味を高めていくことができます。

●企業が物語を活用している実例

〈無印良品（MUJI）〉

無印良品は日本を代表するライフスタイルブランドであり、シンプルで機能的な商品が特徴です。商品を、単なる生活雑貨としてではなく人々の暮らしを豊かにするものとして、ストーリーを伝えることに成功しています。

例えば、無印良品の家具は、持続可能な材料を使用して環境に配慮されていることを強調しています。また、商品のデザインには日本の伝統や自然の美しさが反映されており、その背後にあるストーリーが商品の魅力を高めています。

さらに、社会的な取り組みもストーリーテリングに活用しています。地域の手仕事やクラフトマンシップを支援するプロジェクトを紹介したり、災害支援の取り組みを発信したりすることで、ブランドの価値観や使命感を伝えているのです。

〈ITO EN（伊藤園）〉

ITO ENは日本を代表するお茶のブランドであり、高品質なお茶を提供しています。彼らはお茶の歴史や製造過程についてのストーリーを活用して、商品の品質と信頼性をアピールしています。

例えば、ITO ENのウェブサイトや商品パッケージには、お茶の原料となる茶葉の栽培から収穫、製造までのストーリーが詳細に紹介されています。また、日本の伝統的なお茶づくりの工程や職人の技術に焦点を当てた動画コンテンツも提供されています。

これにより、顧客は単なる飲み物としてのお茶ではなく、背後にある豊かな歴史や職人の情熱を感じることができ、商品への信頼感が高まります。

以上のような取り組みは大企業だけものではありません。

むしろ、中小企業、個人事業主レベルの小さい商店ほど「物語」は必要です。あなたの商品やサービスはもちろん、さらに「あなた自身」をブランドに発展させれば、極端な話

「あなたが販売するものは何でも買いたい」という状況すらつくることができるのです。

「物語」はとても重要な要素です。

そして「感情営業術」のキモになるのは「ストーリーテリング」です。

「売り込みから解放されたければ物語を語れ」というくらいの重要なポイントになりますので、ぜひこの機会に、あなたとあなたの商品の「物語」をじっくりと考えてみてください。

4　SNSの正しい使い方を知り、熱烈なファンコミュニティをつくる

現代のビジネスにおいて、SNSは非常に重要な役割を果たしています。なぜなら、SNSは「物語の拡散」と相性のよいメディアだからです。SNSを活用することで、広い範囲の視聴者に対してあなたの物語（商品やサービス）を発信し、熱烈なファンコミュニティを形成することが可能になるのです。

ここでは、SNSの正しい意味と使い方を理解し、効果的なSNS戦略を立ててファンコミュニティをつくるポイントをお伝えします。

序章 第1章 第2章 第3章 第4章 第5章 第6章 終章

●ＳＮＳの意義と役割

ＳＮＳは単なる情報発信のツールにとどまらず、未来のお客様との双方向のコミュニケーションを可能にします。ライブなども使えば、お客様とのリアルタイムなやり取りやフィードバック収集ができます。すると、あなたの商品やサービスに対するお客様のニーズや意見を把握しやすくなります。また、ＳＮＳの継続的な発信を通じて、感情的な共感や強いつながりを生み出すことで、より熱狂するファンをつくれるようになります。

SNS の意義と役割

●誰に発信するか、が大切

効果的なSNS戦略を立てるためには、誰に向かって発信するかを明確に特定することが必要です。あなたやあなたの商品・サービスに関心を持ち、熱心にフォローしてくれるであろうターゲット層を把握しましょう。さらに、発信を続けることでお客様の興味・関心や行動パターンを分析し、自分の情報をアップデートして、常にSNSのコンテンツを最適化することが重要です。

●コンテンツのバリエーションを増やす

SNSではさまざまなコンテンツを発信することが求められます。単なる商品情報だけではなく、エンターテインメント性のあるコンテンツや教育的なコンテンツなど、フォロワーが楽しめるバリエーション豊かな情報を提供することをオススメします。

お役立ち情報を発信する、という話もよくありますが、実際にお役立ち情報ばかりだと聞いているほうも窮屈な気分になりがちです。

私自身の投稿の統計を取ってみると、純粋なビジネスノウハウよりも、自分のプライベートな話で感動したことや、失敗談のほうがよく見てもらえています。
そして、実はそれが信頼や共感につながることが多いのも、実態として把握しています。

●影響力のある人とのコラボで拡散、認知を増やす

第2章でも少し触れましたが、SNS上で影響力のあるインフルエンサー（影響力のある人）とのコラボレーションは、告知にも有利です。ただし、注意しなくてはならないのは、その方があなたの思想や方向性と合っているかどうか、冷静に見極めること。そして、あなたの認知度のほうが低い場合は、相手に話を持ちかけるときに、相手が5倍以上はお得だなと感じるくらいの提案をすること。その上で、オファーを引き受けてもらえるように交渉します。

あなたの認知度が低いと、相手にとってメリットはありません。それでも「一緒にやろう」と思ってもらえるような交渉をするときにも「あなたの物語」は活用できます。

●分析と改善を繰り返して、感情共感の練度を上げる

SNSの効果を最大限に引き出すためには、定期的なデータ分析と改善が必要です。投稿の反応やエンゲージメント、フォロワーの増減などを定量的に分析し、何が効果的であったのかを把握します。その結果をもとにSNS戦略を見直し、より効果的なコンテンツやアプローチを見つけ出すことが重要です。

このとき注意しなくてはいけないのは、単純に「フォロワー」の数だけを追いかけることです。感情営業の領域では、「感情共感」が大きなポイントになります。広くたくさんの人に「いいね！」をもらうよりも、深く感動して行動してくれるファンを増やすほうがよいのです。その点を意識しながら、分析と改善を行ってください。

●熱烈なファンコミュニティがあると「見せるだけ」で成約する

SNSでの発信よりもディープな、メルマガやLINEなどのクローズド空間でさらに信頼感を深め、より親密な関係を築いていきます。それでも、お客様に必要とされるタイミングはいつ訪れるかわかりません。1年なのか2年かかるのか、いずれにせよ、変わらず継続的にお付き合いをしていくことで信頼を深めるのです。

その中で、お客様に必要とされるタイミングが訪れ、商品・サービスを紹介するシーンが巡ってきます。コミュニティのメンバーであれば、まさしく「見せるだけ」で「必要なタイミング」であったならば即、購入されるでしょう。

また、商品・サービスを紹介したからといって嫌われる心配もありません。告知宣伝が嫌な人は、その時点でコミュニティを退会したりブロックしたりします。

さらに、そういう人たちはもともとあなたのサービスと相性が悪いので、退会したりブロックしたりしていただいてもかまわないのです。

むしろ、それによって淘汰されて、濃いファンだけが残るようになっていきます。その人たちは、あなたが必要なタイミングで告知宣伝したとしても、自分が興味のあるアイテムなので、特に不快を感じません。ただ、「必要なタイミングじゃないから買わない」だけ。ちゃんと情報は受け入れてくれるはずです。

あなたが「売り込み」をしたくないのなら、最初につくるべきは「ファンコミュニティ」です。販売したい商品づくりと同じくらい、ファンコミュニティの形成にも力を入れてください。こちらは時間がかかることなのですが、将来的には必ず大きな財産になるので、しっかりと取り組むべきものなのです。

5 上質な「自動販売機（LP）」を、必要なときに必要な人に見せるだけ

最終のこの項では、1項から4項を踏まえて、「自動販売機（LP：ランディングページ）」と呼ばれる効果的なWEBの販売ページを活用し、必要なときに必要な人に商品やサービスを見せることを意識していきます。

WEBで集客と成約が完結するという、スマートな営業スタイルを構築できる上質で魅力的なLPは、商品の魅力を伝える場として重要な役割を果たします。

●上質な自動販売機、LPの役割

LPは、ページを訪れたユーザーに対して、特定の商品やサービスについての情報を集中的に提供するページです。広告やSNSなどで集めた、あなたの商品・サービスに興味を持ったユーザーを、その具体的な魅力を伝えるページに誘導します。

LPは、あなたの会社の営業担当の代わりとして24時間稼働し続け、必要な情報を効果的に伝え、興味を持ったユーザーを顧客に変える重要な役割を果たします。

つまり、お客様の感情を自動的に動かし、購入につなぐものがLPなのです。

●上質なＬＰの特徴

お客様の心を一瞬でつかみ、購入ボタンまで押させてしまう効果的なＬＰを作成するためには、以下の特徴を持たせることが重要です。

①シンプルでわかりやすいデザイン

ＬＰは情報を集中的に伝えるため、シンプルでわかりやすいデザインにすることが大切です。ユーザーが目的の情報に素早くアクセスできるように工夫しましょう。ただし、シンプルというのは簡素という意味ではありません。顧客候補の方たちにとって、ワクワクするデザインで興味をそそられるものであり、なおかつ内容はわかりやすい、というイメージです。

②魅力的なコンテンツ

商品やサービスの魅力を伝えるために、魅力的なコンテンツを提供します。商品の特徴や利点を具体的に説明し、お客様の購買意欲を高めるような情報を盛り込みましょう。

このときに使うのが「物語」です。その構成については「新・PASONAの法則」を使うことをオススメしています（第4章参照）。

③「お申し込みボタン」の配置

地味なようで案外大切なのが「お申し込みボタン」です。LPの中で特に大切なのは「お申し込み」をいただくこと。ということは、その最後の大事なアクションに関わる「お申し込みボタン」の果たす役割は、とても重要なものなのです。


笑えない残念な話があるので、ご紹介しましょう。

とても素晴らしいイベントがあって、申し込みをしたいと思ってもどこにもボタンがなかったため、残念ながら全く申し込みがなかった、というお話です。

しかし、これはページ作成者や主催者はなかなか気づきにくい盲点なのです。なぜなら、親しい人がたまたまそのページを見て不備に気づいてくれない限り、「ボタンがなくて、申し込みできないよ！」とわざわざ教えてはもらえないからです。さほど関係の深くない人ならば、「申し込めない→そのままページから離脱」が普通でしょう。

そんなことにならないためにも、申し込みボタンの配置やボタンのコメントにも意識を割きましょう。

特に配置は重要です。文章の流れ、物語の流れの中で「欲しい！」と思う瞬間にボタンを押せなくてはいけないのです。ボタンの数は多すぎても少なすぎてもうまくいきません。流れにそった、適切な場所にあるということを意識してみてください。

④ユーザーのニーズに合わせる

ＬＰは、ターゲットのニーズに合わせてこまめに修正・調整することが重要です。ユーザーが求めている情報や解決したい問題に焦点を当てて、「ひと目見たら即買い」となるページに進化するよう、修正と調整を繰り返していくのです。

実際に購入した方の声などを参考にしながら、ブラッシュアップしていきます。

⑤ＬＰの運用と分析

ＬＰを効果的に活用するためには、適切な運用と定期的な分析が必要です。ＬＰのコンテンツやデザインは、市場状況やお客様のニーズに合わせて定期的に見直し、改善していく必要があります。また、データ分析を行い、どのような言葉が申し込みにとって効果的であったのか、ユーザーの行動パターンや感情を把握することで、より効果的なＬＰにブラッシュアップするための参考にします。

このように上質なＬＰ１つで集客と成約の両輪を回していけます。

・集客の領域：キーワードを駆使して、効果的に検索からページに誘導する
・成約の領域：読んだだけで思わず欲しくなって買ってしまうページづくり

これからの時代は、ＬＰだけで集客と成約を行えてしまう領域を目指してページ作成をするほうが、効率はよくなると私は思っています。

営業嫌いの人を救うのは、集客と成約を担う上質なＬＰです。

「営業しない営業スタイル」を、ぜひ手に入れてください。

営業はつらいものではなく
「喜びをプレゼントする」もの

EPILOGUE

頑張らない感情営業術で、
営業苦手を卒業しよう！

頑張らない感情営業術で、営業苦手を卒業しよう！

1　営業はつらいものではなく「喜びをプレゼントする」もの

長い間、多くの人にとって、営業はつらく嫌な仕事だと思われてきました。

しかし「感情営業術」の新しい視点と感覚では、営業は「つらい仕事」ではなく、お客様に「喜びをプレゼントする」仕事に変えられます。そういう概念を、あなたにもぜひ持ってほしいと思っています。

◉営業も集客も、お客様へプレゼントを届けるイメージで

実際に、私自身の商品づくりの起点は「喜び」にあります。

その「喜び」のゴールはお客様によって違います。もちろん、受け取る側（お客様）だけではなく、与える側（販売者）の望むゴールも、人それぞれで違います。

例えば私のクライアントさんでも、とにかくたくさん稼ぐことにチャレンジしてみたい

という人なら、年商5千万円とか1億円とかが目指すゴールかもしれません。家族との時間を大切にする人なら、月商20万円でも心は充足するでしょう。また、お子さんの受験や習い事などの教育資金を稼いで、親子で夢をかなえたいと願っているお母さんだっていま す。

私は、自分の能力を最大限使って、いかにお客様に喜んでもらえるゴールをつくるか、ということを念頭に置いて商品設計をしています。

だからこそ、「喜び」をプレゼントしたい相手のことは、最大限気にかけなくてはいけないのです。みなさんも、本当に好きな人にプレゼントすることを考えると、何だかワクワクしませんか?

結局のところ、営業とは、相手を思って、つまり「愛」を持って提案することにほかなりません。ですからあなたは、自分の真心のこもったプレゼントとして、あなたが渡したいと思う人のためだけに商品開発をすればよいのです。気持ちを伝えるという、とてもシンプルな行為が営業活動にもつながるということです。

ことさら大げさに「いざ、営業」と身構える必要はありません。単純に「プレゼント」

を渡すという、ただそれだけのことだと思えば十分です。あなたは、どの場所でどのようにそれを渡すのかを、一生懸命に考えるだけ。それが営業活動なのです。

営業をつらいものと思った瞬間に、その思考は止まってしまいます。プレゼントのサプライズを考えるように提案を考えると、おそらくワクワクのほうが強くなり、その企画はちゃんとお客様にも喜びとして伝わります。

「一生懸命集客しています」という人ほど、このあたりの気持ちが不足しているように思います。

「集客」という言葉を「客を集める」と認識するよりも、プレゼントを届けるために「集まってもらう」と認識したほうが自然な流れだなぁと、私はいつも感じています。

2 「嫌な営業」はやらなくてもよいという許可を出す

多くの人が営業を嫌う理由の1つは、「嫌な営業」を強制されることです。ここで注目したいポイントは、「嫌な」という点です。

逆に言うと「嫌ではない営業」、もっと積極的に言うと「好きな営業」を選んでいけばよいのです。「嫌な営業はやらない」ということを自分に許可するだけで、かなり気持ちが楽になりませんか？

これまでお伝えしてきたように、成約へのアプローチはたくさんあります。あなたが嫌いな営業手法を使わなくても、ほかの方法で成果を上げることは十分に可能です。

例えば、お客様との対話を大切にして信頼関係を築くことで、自然な形で成約に結びつけることができます。信頼されていると、ＳＮＳでライブをしているだけでも、ＤＭ（ダイレクトメッセージ）で予約が入ってしまうことも普通にあるのです。

私のClubhouseでの経験をお伝えします。

ほかの方の主催ルームで私がインタビューに答えていたときのことでした。

みなさんが私の話や私自身に共感してくださって、特に売り込みをしていないにもかかわらず商品がどんどん買われていきました。たった2時間ほどのお話の中で、合計数十万円の売り上げになったのです。

誰もが「売り込み」をするのもされるのも嫌いなのは、感情の領域ではごく当たり前のことです。「売り込み」と感じるか感じないかの境目は、ただ「お客様が欲しいタイミングかどうか」にかかっています。「売り込み」をしたくないなら、普段から「あなたの情報を欲しがる人」を地道に集めておくことが一番です。

◎「売り込み」嫌いな人は「売り込み」いらずの自分のファンをつくる

私の場合は「教室集客経営のコンサルタント」ですので、自宅教室業の先生で集客や経営に困っている人、またはさらに売り上げを伸ばすための知恵を借りたい人というテーマでLINEやメルマガで発信し、読者を集めています。

特にメルマガでは、長文（3000文字から5000文字）の読み物を動画とともに配信していますので、欲しい人にとっては、ほぼ毎日のようにミニ講座が届くようになっています。これは、いらない人にはいらない情報です。でも、欲しい人にはとても有益で、感謝されている内容なのです。

実際に私が新講座をリリースして、メルマガの読者の方からお申し込みをいただくと、その動機の欄に次のように書かれています。

「いつもメルマガでお勉強させていただいています。有益な情報を本当にありがとうございます。今回はいつか習いたいと思っていた高橋先生の講座にやっと申し込みすることができました。うれしいです。今から講座開講が楽しみでワクワクしています。どうぞよろしくお願いいたします。」

——私が何をやったかと言うと、単にメルマガで新講座を紹介しただけです。それでも、その方のよきタイミングで紹介がなされた場合、普段から信頼関係が構築されていれば「購入してくださった上に感謝までされる」のです。

これって、うれしいことですよね？

ですから「売り込み」が嫌いという人は、「あなたの情報を知りたがっている人」をきちんと集めて、普段から信頼関係を築いておく必要があるのです。

それをやらずして、「告知したら嫌われるから嫌だ」というのはナンセンスだと思います。

3 あなたが楽しければお客様も楽しくなる「仕事趣味化」のススメ

私が普段からみなさんにお伝えしている、「仕事」というものへの価値観があります。

それは、「趣味が仕事で、仕事が趣味」というもの。

とはいえ、これはガツガツと企業戦士のような働き方をするという意味ではなく、むしろ逆で、「趣味レベルくらいのライトな気持ちで、でもやることはガッツリやる」といったイメージです。

好きな仕事を好きなようにやる。そのために稼ぐし、お金も使うし、遊ぶし、楽しむということです。

この感情領域でのポイントは、「稼ぐ」からスタートしている点にあります。しかし、お金を稼ぐこと自体が目的ではありません。使いたいことにお金を使いたいから稼ぐのです。


例えば、私は旅行が大好きで、国内でも海外でもあちこち出かけて、異文化の刺激を受けたり現地でいろいろな人に会ってお話を聞いたりすることが好きです。

私の仕事のモットーは「行きたい場所に行き、会いたい人に会う」なので、稼ぐのはその手段を得るため。ただ、「稼がなきゃ！」という悲壮感はなくて、「楽しく稼ぐ」ことにしています。そのほうがいいに決まっていますよね。

◉個人事業主の最大のメリットは、自分で好きな仕事を選べること

私は、起業当初に聞いた、あるコンサルタントの方のお話をとても印象深く覚えています。それは、こんな言葉でした。

「個人事業主の最大のメリットは、自分で好きな仕事を選べることでしょ」

当時、会社員から独立起業したばかりだった私は、まさにそのとおりだと思って感銘を受けたのです。この言葉は、私の仕事選びの価値基準になりました。その一つが、「報酬が高くても気持ちが乗らない仕事は受けない」というものです。

独立して2年くらいたったときの、私の経験をご紹介しましょう。

法人の仕事のオファーがありました。当時の月商は30万円レベルだったころです。実際にはまだまだ売り上げを伸ばしたい時期でした。そんなときに、年間契約1000万円というお話があったのです。

もちろん、金額的にはとても魅力的なものでした。ひと月あたり80万円余りの上乗せになりますから。

それでも、私はその仕事をお断りしました。理由は、その依頼の背景にある社内事情や

力関係、その他ドロドロと渦巻く利害関係が見えてしまって、「ワクワクしなかったから」です。

「そんな理由で断るの!?」と思う人もいるかもしれませんが、「自分の本当の感情」を大事にしたい私の価値基準からすると、やはりそれは断るべき内容だったと思います。

その出来事が、私の仕事を引き受ける価値基準を確定させたのです。

【どんなに高い報酬でも、気持ちが乗らなければ引き受けない。逆に、無料でも自分がやりたいと思ったことは引き受ける】

そんな価値基準のおかげで、私は好きな仕事、好きなビジネスパートナー、好きなクライアントさんに囲まれて、しっかりとお金も稼いで、好きなところに行けて、好きな人と出会えています。

もちろん収入も、会社員時代から比べて軽く10倍以上になっています。私は自分の感情を優先して仕事をしていますが、その分やることはしっかりやっています。これもまた感情領域です。

仕事は、楽しみながらも遊びの要素を入れてゲーム感覚で。それゆえ私は、自分のことを「飛常識な経営コンサルタント」と名乗り、自由気ままに仕事を趣味化しているのです。

◉集客がつらいと思うときほど笑顔で

「集客がつらい」という感覚を引きずっていると、顔の表情や文章などにも悲壮感が漂ってしまいます。繁盛しているお店とさびれているお店があると、当たり前ですが人は繁盛店のほうに向かいます。

仮に、もしもあなたが、今はまだ集客できていなかったとしても、「襤褸は着てても心は錦」の気持ちで楽しく振る舞いましょう。この言葉は「外見はみすぼらしくても（ボロでも）、心は豊かで美しいということ」を表す慣用句です。

つらいときほど明るく笑いましょう。それによって、逆に人が集まるような状態をつくり出すこともできますから。

「仕事は趣味化するほうがよい」とお伝えしているのは、仕事や営業をつらいものととらえるのではなく、何でも好奇心を持ってチャレンジするゲーム感覚があると、気持ち的にもかなり楽になるからです。実践している私がオススメするのですから、有効なマインドセットなのです。

4 「釣った魚にこそ餌をやり続ける」勝手に広がるコミュニティ運営法

「釣った魚に餌はやらぬ」という慣用句も聞いたことがあると思います。よく男女の恋愛話などで、「付き合う前まではやさしくて積極的だったのに、いざ付き合いはじめると冷たくて雑な態度になる」という例え話として使われます。

実はこの話、集客に苦戦しているみなさんを見ているときに、「同じだなあ」感じることがよくあるのです。

「今いるお客様にもっとコンタクトを取ったほうがいいのになぁ」

新規顧客の獲得コストは、既存顧客の獲得コストの5倍から10倍かかるという話はすでにしました。その計算で行くと、新しい商品をリリースしたとしたら、新規顧客が買う確率と既存顧客が買う確率にも、同様に5倍以上の開きがあることになります。

この「5倍」という数字、あなたはどのように感じますか?

◉既存顧客を大事にするほうが先、新規顧客はそのあと追いかける

新規のお客様に1の力をかける気持ちがあるのなら、同じ1の力を既存のお客様にもかけてみましょう。単純にそれだけで、成約率が5倍になる可能性が高いということなのです。

私の具体的な運用例で解説します。

私は自分の月額会員制のコンサルティングプランを持っていて、サロンメンバーが会員になっています。私のサービス提供の優先順位は、①サロンメンバー向け、②メルマガ・LINE会員向け、③一般のSNSでの見込み顧客向け、となっています。

また、サロンメンバーの中にも3種類の会員レベルがあって、プラチナ・ゴールド・シルバーの順番で優先度合いが異なります。もちろん、会費もそれに合わせた金額をいただいていますので、先行でご案内する順番や割引額もそのレベルによって異なります。

現状では、お客様の優先順位で最上位にあり、一番優遇したサービスを提供しているのは月額会員制サロンのプラチナ会員となっています。

また、私の講座にはさまざまなものがあるのですが、特にリアルの講座は人数が限定さ

序章
第1章
第2章
第3章
第4章
第5章
第6章
終章

れてしまうことが多いので、サロンメンバーを優先するために一般公開をあまりしていません。

◉お客様に優先順位をつけてサービスを提供するメリット

前述のとおり、私は、より自分に近く、毎月定額的にお金を支払ってくださっている会員のサロンメンバーを優遇しています。先ほどの言い回しでいくと「釣った魚にきちんと餌をやり続けている」状態なのです（本来は、お客様を魚にたとえるのは少し失礼だと思っているのですが、わかりやすい例なのでどうぞご容赦くださいませ）。

集客がうまくいかないという方のお話を伺って一番感じるのが、既存のお客様との深い関係性を構築できていないという点です。

既存のお客様と深くつながると、満足度も高くなり、自ら進んであなたのサービスのことを誰かに伝えてくれる可能性が高まります。同時に、あなたが困ったとき、集客のお手伝いや拡散のお手伝いをお願いしたいとき、気持ちよく助けてくれます。それも、あなたに近くて、普段から感謝をしてくださっている方から協力してくれるものです。

あっという間にあなたの力が5倍、10倍、１００倍と拡大していくことになるのです。

◉既存のお客様と深い関係性を築くことを再点検する

新規顧客ばかり追いかけすぎると、既存顧客へのサービスが手薄になります。既存顧客の満足度を引き上げつつ、新規顧客を追いかけるほうがベターです。

成約率の差は信頼関係の差です。5倍以上のインパクトがあると思うので、売り込みをしたくない人ならなおさら、既存のお客様との関係性を再点検することをお勧めします。

5 「売り込み」が嫌なら、まずは「売り込み」という概念を捨てる

「売り込み」という言葉の印象にネガティブなものを持っている人は、相手が何も感じていないときにも、勝手に自分の行動を「売り込み」と判定してしまって、動けなくなるものです。

そんな人には、とっておきのアドバイスがあります。

【「売り込み」が嫌なら、あなたがまず「売り込んでいるかも」という気持ちを捨てる】

こんなエピソードがあります。

クライアントさんとセッションしているときに、商品がうまく成約しなかったお話を伺っていて「なぜ、そのタイミングで商品を紹介しないんだろう」と不思議に思うことがあるのです。

そこで私が本人にお尋ねします。

「流れを聞いていると、その方は普通に商品をご紹介してもそのまま買ってもらえそうな発言をしているのですが、なぜ商品をご紹介しなかったのですか？」

すると、そのクライアントさんは目を見開いて驚いたような顔をして言うのです。

「えっ！　そうなんですか？　私はてっきり、そのシーンで商品を紹介すると売り込んでいるようで嫌だと思って、何も言えなかったんです……」

――この会話の違和感、あなたにはおわかりでしょうか？

私はその場にいないけれど、お客様の会話やコメントを聞いていて、商品紹介されても何らマイナスの感情を抱かないところまで来ているのがわかります。

しかく、うまく成約できなかったそのクライアントさんは、自分自身に「売り込みが嫌」というフィルターがかかってしまっていたので、商品紹介をする最適のタイミングを逃してしまったのです。

◉その商品を欲しいと思うかどうかは相手が決めること

私は、商品・サービスをご紹介するときに、特別な罪悪感を覚えることも引け目を感じることもありません。その人にとって必要なものだと思えば、「必要だ」と思う根拠と理由を、商品紹介とともに信念を持って語ります。もちろん、その人には必要ないと思えるなら、商品の紹介はしません。

積極的に商品・サービスを紹介できる人とできない人との「感情の方向性の違い」を挙げてみます。

・紹介できる人：その人に本当に必要だと思うなら紹介するという「他者への愛情」
・紹介できない人：嫌われたくない、押し売りに思われたくないという「自愛の感情」

私の場合は、その人に本当に必要だと思ったならば、興味がなさそうでも一度は提案しておきます。それは私のためではなく、「その人のためだと思う」私の信念からです。

序章 第1章 第2章 第3章 第4章 第5章 第6章 終章

もちろん、きちんと理由も説明してお話をするので、それがゆえに嫌われたりご縁が切れたりすることはありません。しかし、何事もやりすぎると「押し売り」になってしまいますのでご注意を。

ですから、度合いは難しいのですが、相手がどのように思うかは相手が決めること。自分は伝えるだけなのだと思えば、シンプルにお話はできるのではないでしょうか？

あなた自身が「押し売りしているかも」と思うと、自身に変なフィルターをかけて遠慮しすぎてしまって、本当は相手が聞きたい情報だったかもしれないのに伝えられていないという可能性もあります。

【決定権は相手にある。こちらはただ選択肢を渡すだけ】

このように考えることができれば、「売り込みしている」という概念を軽やかに手放せるのではないでしょうか？

6 仕事の軸足を「ライスワーク」から「ライフワーク」へシフト！

ところで、突然ですがあなたに質問があります。

「あなたのお仕事はライスワークですか？　それともライフワークですか？」

まず、「ライスワーク」と「ライフワーク」の言葉の違いを説明したいと思います。

◎ライスワーク（Rice-Work）＝ご飯を食べるための活動
◎ライフワーク（Life-Work）＝夢や自分の好きなことを追い求める活動

後者は詳しい説明は不要だと思うので、「ライスワーク」についてです。

あなたが生活する、つまり食べていくためには働かなくてはいけません。働いて金銭的報酬を得ることで、生活の基盤をつくります。このように、労働と報酬を等価交換することをベースにしている活動が「ライスワーク」です。

ただし、単に淡々とお金を稼ぐことだけを指しているものではありません。人によっては「ライスワーク」がそのまま「ライフワーク」になっている人もいます。実は私もその一人で、おそらくこの働き方が、誰もが望むスタイルだと自負しています。

もっとも、すべての人がその望みをかなえられるわけではないことも、十分理解しています。私自身も「ライスワーク」で働くことしか選択肢がなかった時代を、かなりの期間過ごしているので、そのつらさもよくわかっているつもりです。

◉営業活動は必ずしも「ライスワーク」とイコールとは限らない

「営業活動」が嫌われる主な要因として、「お金のために仕方なく押し売りをして稼ぐ」という印象を持たれがちなことが挙げられます。つまり、「ライスワーク」の中でもつらい仕事の代表のように思われているのでしょう。ですが、それはその人が「営業」という概念をどのようにとらえるか、というだけのことだと私は思っているのです。

これまでにお伝えしてきたように、必ずしも自分から積極的に「売り込み」に行かなくても、営業も集客もできます。営業が苦手な人は、その分「仕組み」でお客様に寄ってきてもらえるように仕掛ければよいだけです。

ただし、当然ですが、直接お客様に声掛けできる営業のほうが話は通じやすく、成約までのスピードも早いということだけは理解しておいてください。

ということは、もう想像がつくと思いますが、これができれば最強だと思いませんか？


【直接的な営業のアプローチと、お客様に寄ってきてもらえる間接的な営業の仕組み】


ちなみに、私はこの両方を駆使して営業活動をしているので、成約までのスピードが早く、その数も多くなるというわけです。

営業に対して特に障壁はないよ、という人は、私のように両方を使いこなせば最短・最速で理想のお客様と出会えるし、楽しく仕事ができると思います。

◉仕事を「ライスワーク化」しているのはあなたのマインド!?

仕事（営業）の概念を「ライスワーク」にするのか「ライフワーク」にするのかは、あなたの心次第です。

私はラッキーなことに、営業がもともと嫌いではなかったというか、そもそも営業しているという感覚がなく、商品の紹介をしていただけだったように思います。ただ、そのおかげで「紹介する・伝える」という仕事がそのまま現在の仕事につながり、さらにはみなさんに喜んでいただける「ライフワーク」に進化したと思っています。

仮にあなたがどのようなお仕事をしていたとしても、その仕事内容を詳細にチェックしてみれば「ライフワーク化」する要因は必ず見つかるはずです。

そんな私があらためてあなたにお伝えしたいのは、「営業」という言葉の意味は「利益を得る目的で、継続的に事業を営むこと」（デジタル大辞泉）だということ。であれば、どのような方法で集客をしようとも、結果としてそれが収益に結びつくなら「営業」をやっているに等しいのです。

だとしたら、そんなに営業を毛嫌いする必要はない、と思いませんか？

あなたは言葉の呪縛から解放されるべきだ、というのが私個人の意見です。

営業の概念を変に堅苦しく考えるから難しくなります。商売を続けていくこと、お客様から何かしらの対価をいただくために動くこと、それらすべてが「営業」なので、嫌いという気持ちをなくすことからはじめるだけでも、よほど気楽で楽しく仕事ができると思います。

そして、イヤイヤ営業をやるくらいなら、「営業しなくてもお客様が集まる仕組みづくり」に注力するという選択をしてみてください。

もしも、それがどうしてもうまくいかなくて、イヤイヤ営業をやって、それがどうしてもつらすぎるならば、違う道（転職）を考えたっていいのです。

7 営業が楽しくなると集客も楽しくなる、幸せの循環づくり

私の営業経験は、会社員として22年、独立して自営業になってからは12年です。サービス業という業種での通算営業歴は、現時点でも32年になっています。

これだけの長い期間、「営業」という仕事を中心にやれてきたのは、特にそのことに対しての気負いもなく、ゲーム感覚でいろいろなハードルをクリアしてきたからだと思います。

もちろん、会社員としての営業職は、数字を追いかけ、売り上げを伸ばさなければならない側面もあるので、そこはきちんと成績を残していました。

ただ、そのときにも、月末になって数字に追われるのは嫌なので、月半ばにはその月の予算を達成するように動いていたし、年の予算でも年末に頑張るのは嫌だったので、たいてい秋の10月ごろには年予算を達成するように動いていました。

◉営業目標数字を早々に達成できていた秘訣

では、なぜ私は狙った数字を達成することができていたのでしょうか？
その極意を聞かれたら、きっと私は次のように答えると思います。

「会社に縛られるのが嫌だったから」

――そうです。私の動機は「会社に命令されたり、縛られたり、強制的に働かされたりするのが嫌だった」からなのです。
つまり、自由に動きたかったからこそ、会社から文句を言われないように数字を達成しなければならなかったのです。

そもそも営業職的な職業ばかりを選んでいたのは、どんな仕事でもいいから「ありがとう」と言ってもらえる仕事がしたかったというのが、一番大きな動機でした。

事務職や内勤のお仕事を否定しているのではありません。ただ、外に出て人と出会い、その人にとってよいと思える提案をして喜んでもらえるのが、私はうれしかった。しかもそれが私にはエキサイティングだったので、続けることができていたのです。

そんなシーンを、会社の命令や数字に縛られてイヤイヤ演じるというのが、自分としてはそれこそ「感情的に嫌」でした。だから会社に縛られない自由な動きをしていたというのが、私の裏事情です。

「縛られるのが嫌だから、淡々と数字を上げ続ける」というのは、少し変わった動機かもしれませんね。でもそのおかげで、次のようなことをいつも考えて動いていました。

- **どうすれば少ない訪問で契約まで持ち込めるのか**
- **どういう提案書を出せば相手の心が動いて、さらっと契約を検討してもらえるのか**

そして、その実現のためにこのような行動を、誰に言われずとも、普段から繰り返し行っていたのです。

【お客様の心理を考える→提案を考えてつくる→動く→結果を検証して改善する】

おかげで、どんどん営業の練度が上がっていきました。同時に、それができていない後輩の営業マンにも考え方を伝授する機会が多かったので、結果として2社で営業部長の役職に就くこともできました。

さらに、私の得意領域はもともと提案営業だったので、自営業になったときにその経験と知識をそのまま最大限に生かせたことはラッキーでした。

そして、その知識をクライアントさんにもお伝えできているのですから、「コンサルタント」という職業は私にとっては最高の「ライフワーク」でもあるのです。

大好きなクライアントさんを最高の知恵と手段で救い、クライアントさんが望む未来をつくるお手伝いができる「〝最幸〟の仕事」だと思っています。

◉そもそもあなたは何のために事業をはじめたのですか?

ここであらためて考えたいのですが、「営業」とは何なのでしょうか。

もともと営業が苦手で嫌い、ということからこの本を手に取ってくださった人も多かったはずです。「営業」って、そんなに人に嫌われるイヤな仕事なのでしょうか？

――私のもとに訪れる、集客にお悩みの女性オーナーのみなさんが口々におっしゃるのは、「私ができることで、少しでも多くの人に喜んでもらいたい」「昔の自分のように苦しんでいる人を救いたい」というお気持ちです。女性の場合、事業をスタートさせたいと思ったきっかけは、たいていこのような感じです。

だからこそ、それを望む人に出会えないと悶々とするし、出会ったところで、商品をいきなり売るとなると押し売りになるから嫌、という気持ちになるのだと思います。

では、例えば先ほどの「昔のように苦しんでいるあなた」が、「今あなたが提供している商品・サービス」を知ったとしたら、うれしく思うでしょうか？ という問いには、あなたはどのように答えますか？

――答えは「YES」のはずです。

なぜなら、「昔の自分のように苦しんでいる人を救いたい」と言っているということは、**「昔の自分が知っていたら救われているはずと確信している」**からです。

だとすれば、「伝えない」「知らせない」というのは、幸せにしてあげたいとあなたが思う人が知恵を得る機会を損失させることになるとは思いませんか？

つまり「営業」とは「必要とする人に必要とする商品・サービスを届けること」である、という気持ちになれば、「営業かぁ」と嫌がらずに伝えることができるのではないでしょうか。

◉感情営業術の真骨頂は思いやり

この「必要な人に必要とする商品・サービスを届けること」が「感情営業術」の真骨頂であり、かつ「思いやり」なのです。あなたが、必要な人に、きちんと正しい価値を伝えることは「思いやり」です。

その観点で考えると、「営業が嫌い」と言っている時点で、自分だけの小さな世界に閉じこもってしまっているだけだと思いませんか？

本気で「昔の自分のように苦しんでいる人を救いたい」と思うなら、積極的に、広く「あなたの商品・サービスを伝えていく」必要があるのです。

結果としてそれが「営業活動」になり、あなたが本当に救いたい人を救うことになります。

「売り込み」が嫌いと言っている人に一番不足しているのが、認知告知活動です。売り込まなくてよいのです。その代わり必要な人にきちんと価値を伝えていくためには、起業当初は特に、ある一定の「お役立ち&興味を持ってもらえる大量な情報発信」が必要になります。

◉営業は幸せの感情循環の源になる

大切なことなので、もう一度お伝えしておきますね。

あなたの商品・サービスの魅力を一番知っているのは、あなた自身です。そのあなたが発信をしない限りは、あなたが大事だと思う人を救うことはできないのです。

ですから、営業を嫌いと言わずに、すべての活動は「営業＝思いやり」だと思って、一つ一つの情報を丁寧に伝えてみてください。すると、あなたの思いを理解し共感してくれる人が引き寄せられて、必ずあなたの前に現れます。

「営業」は、お客様とあなたの関係をつなぐ幸せの循環の架け橋になります。その未来を信じることができるなら、それほど気負うこともなく、楽な気持ちで発信を続けていきましょう。それが最大の営業になっていくと思います。

おわりに

～売り込みいらずの自動営業が稼働する未来は、仕事も人生も思いのまま～

私が「営業」という仕事にさほど抵抗感がなく、昔から取り組むことができていた一番大きな要因は、私の人生のテーマである「自由」と深く関連性があります。

みなさんが言うように、「営業が苦手で営業を嫌う」という選択肢が、もともと私にはなかったのです。

最後にそんなお話をさせてください。

◉貧乏すぎてお金がないと何もすることができなかった幼少時代

いろいろなシーンや私の著書の中でも断片的にお伝えしていることなのですが、私の幼少期はとにかく貧しかったのです。食べるものにも困るくらい生活に困窮したこともありました。そんなレベルの貧乏さですから、当然、友人と遊びに行く交通費もなく、娯楽にお金を費やすこともできず、ひたすら節約に努め、独力で学習して知恵を磨くことしかできない学生時代を過ごしていたのです。

お金がなかった要因は、父親の浪費と怠慢です。仕事もしない、そのくせ、お酒とギャンブルにお金を費やし、父親としての役割を果たすこともない、どうしようもない人でした。

今まで人生で出会った人の中でも最低レベルだったのが自分の父親というのも、何とも皮肉な話です。このようにお金のない生活をすると、自分がやりたいことはできないし、欲しいものも当然買えません。

つまり私の「自由」は、すべて「父親」と「貧乏」によって閉ざされてしまっていたのです。


私は、「お金」という手段を使うことで「好きなところに行き、好きな人と会い、好きな仕事をする」という目的が簡単にかなうことは知っていました。そしてそれは、私の幼少期には望むべくもなかった「自由」そのものでした。

ですから「自由」を得るための手段としての「稼ぐ力」というものを、早いうちに手に入れる必要があったのです。

コネもカネも何もない、まさにゼロベースの学生時代からでも「稼ぐ力」＝「営業力」

を意識していました。学生時代に、あしなが育英会や新聞奨学金制度を使ってでも学び、そしてお金を生み出す営業力を身につけたのは、「自由」に憧れる強い思いがあったからにほかなりません。

今の私が軽やかな感覚で「お金は目的ではなく手段である」と伝えることができるのは、このような体験を経ることで、目的と手段を分けて考えられるようになったからです。

◉人が嫌がる仕事ほど価値が高くなる

今でもそうかもしれませんが、仕事の価値と対価は「需要と供給」の関係にあります。つまり、営業を嫌う人が多ければ多いほど、営業という仕事の価値が上がります。だからこそ営業職は事務職よりも給料が高いのです。

もちろん、会社員的な観点で見ると精神的にハードな部分もあるし、メンタルが折れてしまうと自分で感じてしまう人にはやりにくい職業かもしれません。

しかし私の場合は、もともと「人に『ありがとう』と言ってもらえる仕事がしたい」という職業的価値観を持っていたので、事務職よりも営業職のほうが向いていたのだと思います。

メンタルがタフだったのも、人間的に残念過ぎる反面教師の父親がいたおかげで、たいていの人の言葉はどうでもいいレベルの話にしか聞こえなかったという……。何とも皮肉な話ですが、そのおかげ（？）で適当にやり過ごすことができていました。

このような事情からも、私は「稼げる仕事＝営業職」を選んでいるので、そもそも「嫌いとか好きとか」という感情レベルの問題ではなかったのです。「営業で自分も稼ぐし、提供する商品で相手も幸せにする」と決めて取り組んでいました。

極端に言えば、私の好きな商品・サービスで相手が幸せになれると、私自身が本気で信じられるなら、「何でも売れる」とさえ思っていたのです。

そういう意味では、根っからの営業マインドがある人だったのかもしれません。

◉自営業の営業は、楽だと思う理由

会社員としてバリバリに営業をこなしてきた経歴の私が独立して、自営業で集客や営業（成約）に取り組んでみたとき、最初に感じたのは「なんて楽なんだろう」ということでした。

この言葉は、人によっては「嫌味」に感じるかもしれません。そう思う人がいたらごめんなさい。でも、これは嫌味でも何でもなく、本当に素直な感想なのです。

なぜならば、会社員だったときには会社の命令で「自分が好きではない企業との契約を取ること」を迫られ、営業することもあったからです。下手に営業スキルがあったことと、感情をフラットにして淡々と仕事に取り組むことができていたので、契約自体は取ってくることができていたのですが……。

でも、私の感情としては、そんなお客様との付き合いは決して楽しいものではありませんでした。仕事として数字を上げることはできていました。ノルマもきちんと達成していました。営業としては会社にもきちんと貢献できていたと思います。

それでも、私にとって不本意な会社の命令で仕事の契約をすることは、私の心を決して幸せにはしてくれませんでした。

ところが自営業ならどうでしょうか？

「自分が好きなお客様を選び、付き合うことができる」のです。嫌な人とは契約しなくてもよいのです。これって、最高に幸せなことじゃありませんか？

つまり、あなたはお客様を選んでもよいのです。

そのために営業的な手法は使うべきなのですが、嫌な人は集まってこない、自分と気が合う好きな人だけを集めていく文章術・マーケティングを駆使すれば、好きなお客様とだけ付き合えます。これって、個人事業主の最大にして最高の特権ではないでしょうか?

私は心からそう思っています。

⦿営業スキルは、あなたもお客様も幸せにする最上のスキル

いかがでしょうか?

このような話を聞いていたら、何だか「営業が嫌い」とか言っていた気持ちがだんだん解放されてきていませんか? 営業のスキルは、「あなたが出会いたいあなたの大好きな人」と出会うために使う最上のスキルなのです。

もちろん、その中にはいろいろな手法が含まれます。

・好きなお客様と出会うための文章術

・好きなお客様とだけ契約をする成約力
・好きなお客様と長く付き合う継続力

これら一連のスキルが、すべて「営業力」につながるのです。

売り込みとか売り込まないとか、そういう狭い範囲の話ではなくて、ビジネス全体の設計、ひいてはあなたの人生そのものの設計にも関わる考え方が「営業力」に詰まっています。

◉売り込みいらずの自動営業が稼働する未来は、仕事も人生も思いのまま

みなさんが人生の中で仕事に費やす時間は、少なく見積もっても1日8時間ぐらいは普通でしょう。1日24時間で計算したとしても、大雑把には人生の1／3が最低でも仕事の時間に費やされていると思います。

この1／3の時間が楽しいものになるかならないかは、人生において大きな課題になると思います。しかも、その課題の大きな部分を担っているのが「営業」という活動です。

私があなたにお伝えしたいことは、「営業」とはそこまで身構えてやるものでもないし、

苦しんでやるものでもないということなのです。

あなたが本気で出会いたい人に出会うための情熱があれば、その思いを伝える発信にも熱量が乗ります。そしてその熱量は必ず人の心を動かします。

もし、私の伝える言葉が人を動かしているとすれば、そのキモは「情熱」だと思っています。私が人に伝えると決めることに躊躇がないのは、「情熱」があるからです。それは、相手の人を喜ばせたいという思いによる一点突破なのです。

それはとてもドラマチックで、エキサイティングなことでもあります。

そんな私の思いに惹かれて集まってきた方たちとは、当然私も楽しくお仕事ができます。そして、人生の1／3以上の時間を費やす仕事が楽しければ、それはそのまま、人生全体を楽しくさせてくれることにつながります。

「売り込みが嫌い」という人は、まずはその概念を捨ててください。売り込みはしなくてもかまいません。その代わり、本気であなたの思いや情熱を伝えることに全振りしてください。その情熱の度合いが、そのままお客様に伝わる熱量に変換されます。

これこそまさに「感情営業術」の領域なのです。

私は今、「仕事が趣味化」するレベルでお仕事を楽しんでいますし、好きなお客様とだけ楽しくお付き合いができています。

稼ぐほど時間に余裕ができてきますので、旅行で好きなところに行ったり、趣味の写真やサックスなどを「極める」レベルまで熱中したりできています。

『遊ぶように仕事をする』

この世界観を実現できているのは、事業を支える「営業力」にほかなりません。

あなたが、もしも本気で今の自分の世界観を変えたいと思ったら、ぜひ私が提案する「売り込みいらずの営業力」を身につけてください。どんな職業であっても「営業力」があれば便利な力になります。営業を毛嫌いしていた人の気持ちが少しでも軽くなることを祈りながら、この本を、情熱を持って書き記しました。

「売り込みいらずの営業力」を使うことであなたの欲しい「自由」が手に入り、人生を思いのままに生きていただけることを、心から願っています。

2023年11月　〝飛常識〟な経営コンサルタント　高橋貴子

Special Thanks

本書を出版するにあたり、たくさんの方々に支えていただきました。

私の師匠でもあり、コンサルタントでもある株式会社ネット110　経営コンサルタントの平賀正彦先生と株式会社アームズ･エディション　コンサルタントの菅谷信一先生。

本企画アイデアのアドバイスを下さった時間管理の専門家　石川和男様。

私の思いを表現できるように編集くださった、産業能率大学出版部　坂本清隆様。出版の橋渡しをしてくださった書籍コーディネーターの有限会社インプルーブ　小山睦男様。

本書の出版を楽しみに待っていてくださった、私のオンラインサロンのメンバーの皆様。

おかげさまで、「売り込み営業苦手」と悩む方のお悩みを解決できる「魔法の営業本」を出版することができました。

心からの感謝を込めて、お礼申し上げます。

最後まで応援くださり、本当にありがとうございました。みなさまの人生がより豊かに充実した時間を過ごせるように、この本をご活用いただければ幸いです。

“飛常識”な経営コンサルタント　高橋貴子

■高橋貴子 Official website：http://libra-creation.co.jp
■百華辞典へ集客ノウハウ blog：http://ss-bible.com/
■高橋貴子 SNS：https://libra-creation.com/profile
■無料相談受付：高橋貴子　LINE 公式アカウント @takako555
■YouTube：https://www.youtube.com/@libracreation
■instagram：https://www.instagram.com/takakotakahashi555/

Profile

高橋貴子

株式会社LibraCreation　代表取締役
“飛常識”な経営コンサルタント

2011年から神奈川県横浜市で、7つの天然酵母を楽しむパン教室「アトリエリブラ」を主宰。ほかにはないオリジナルなコースで全国から生徒さんが通う満席続きの人気パン教室となる。前職はツアープランナー、インテリアコーディネーター、ブライダルバンケットプロデューサーなどを経験し、事業部長も務めた営業22年のビジネスキャリアを持つ異色の職歴を持つ。

パン教室運営の傍ら、自身の電子書籍のレシピ本をきっかけに、電子書籍の出版コンサルタントとしても事業を展開。ビジネスに活用する電子書籍出版を指導する。

その後、パン教室ネット集客の運営実践データーをもとに、さまざまなジャンルの自宅教室開業・集客のコンサルティング業務を開始。

2015年に教室起業アカデミーとなる「Living起業アカデミー」を開講。

2016年に株式会社LibraCreationを設立。

女性の自立と自宅教室開業を支援する。自由な思考で未来を創るビジネスマインドを伝える「“飛常識”な経営コンサルタント」である。

【著書】
2017年12月　趣味から卒業！しっかり稼げる自宅教室の開業・集客バイブル（合同フォレスト株式会社）
2019年04月　黒字へ飛躍！もっと稼げる自宅教室の集客・成約バイブル（合同フォレスト株式会社）
2021年09月　3フク業を実現！40歳から始める新時代のオンライン起業法オンライン自宅教室起業バイブル（産業能率大学出版部）
2022年07月　いつも時間がないと悩むあなたに贈る感情時間術（産業能率大学出版部）
2022年11月　自宅教室の集客マインド好転バイブル（合同フォレスト株式会社）
2023年07月　いつも価格設定で悩むあなたに贈る感情価格術（産業能率大学出版部）